westermann

ERLEBNIS
Naturwissenschaften

Förderheft

5/6

ERLEBNIS
Naturwissenschaften
Förderheft

Autorin
Monisha Chakraborty

Redaktion
Nicole Tomczak

Grafiken
Eike Gall
Wolfgang Herzig
Franziska Kalch
Heike Keis
Christine Kleicke
Hendrik Kranenberg
Elisabeth Lottermoser
Karin Mall
Oda Ruthe
Atelier Krülls, Salomea
Friederike Schumann
Ingrid Schobel
Werner Wildermuth

Grundlayout
Janssen Kahlert
Design & Kommunikation GmbH

Umschlaggestaltung
LIO Design GmbH

Bildquellennachweis
|akg-images GmbH, Berlin: 96.3. |Alamy Stock Photo (RMB), Abingdon/Oxfordshire: Anney P 3.3; DecaStock 73.1; Douillet, Joel 33.3; imageBROKER 43.2; Kolesnyk, Kateryna 18.2, 25.5; Schwarz, Nailia 50.1; WaterFrame 35.1. |Colourbox.com, Odense: Razvodovskij, Sergej 20.2. |ddp images GmbH, Hamburg: Silz, Torsten 47.2. |Druwe & Polastri, Cremlingen/Weddel: 18.5, 20.1. |fotolia.com, New York: ahornfoto 20.4; Burkard, Sascha 68.1; Discovod 72.2; emuck 21.2, 25.3; Eppele, Klaus 29.5; euthymia 20.3; eyewave 25.1; froto 29.7; gradt 29.6; karandaev 18.3; Koch, Lars 66.4; Mainka, Markus 25.8; Manay, Manuela 71.1; Marco2811 29.1; OlegDoroshin 29.4; playstuff 8.2; PRILL Mediendesign 70.5; runzelkorn 84.1; Schmidt, Horst 66.5; Shingarev, Gennady 30.2; Siepmann, Thomas 95.4; Smileus 51.2; Tamas Zsebok 96.2; thingamajiggs 25.6; TrudiDesign 29.2; tunedin 21.3. |Gall, Eike, Enkirch: 80.1, 80.2. |Getty Images (RF), München: EyeEm 36.4. |Herzig, Wolfgang, Essen: 8.1, 37.1, 41.1, 41.2, 41.3, 42.1, 42.2, 43.3, 43.4, 43.5, 43.6, 43.7, 44.1, 52.1, 62.1, 63.1, 74.2, 76.1, 77.1, 79.1, 83.1. |Interfoto, München: ARDEA/Greenslade, D. W. 50.4. |iStockphoto.com, Calgary: _jure 38.1; brizmaker 94.2; DieterMeyrl Titel, 44.2; Freder 72.8; futureimage 72.5; Geithe, Ralf 60.2; Gorfer 67.5; jollyphoto 47.1; Kevin Dyer 25.4; Kwangmoozaa 72.4; Lisitskaya, Olga Aleksandrovna 9.3; Madrolly 60.3; Maryunin, Yuri 70.1; Mckeown, Paul 94.1; microgen 7.2; oatawa 11.2; PeopleImages 70.2; Rinelle 29.3; Sage78 9.2; tomazl 60.4; Weeraporn Puttiwongrak 5.2; Zoltán, Simon 14.5. |juniors@wildlife Bildagentur GmbH, Hamburg: Giel, O. 51.1. |Kalch, Franziska, Gornau: 16.2, 16.3, 53.1. |Keis, Heike, Rödental: 30.1, 40.1, 40.2, 40.3, 40.4, 40.5, 40.6, 45.1, 45.2, 48.1. |Kleicke, Christine, Hamburg: 16.5. |Kranenberg, Hendrik, Drolshagen: 9.5. |Lookphotos, München: Bueckers, Julian 95.1. |Lottermoser, Elisabeth, Gütersloh: 16.4. |Mall, Karin, Berlin: 34.1, 66.1, 66.2, 66.3. |mauritius images GmbH, Mittenwald: age 72.10; Hänel 67.1. |Minkus Images Fotodesignagentur, Isernhagen: 14.1, 14.2, 17.1, 17.2, 17.3, 20.6, 22.1, 22.2, 22.3, 33.1, 33.2, 72.1, 94.3. |Naumann, Andrea, Aachen: 15.1. |OKAPIA KG - Michael Grzimek & Co., Frankfurt/M.: Duty, Holger 43.1. |PantherMedia GmbH (panthermedia.net), München: Reitz-Hofmann, Birgit 20.5. |Picture-Alliance GmbH, Frankfurt a.M.: Arco Images GmbH/Geduldig 67.4; dpa 29.9; dpa/Weigel, Armin 21.4; PhotoAlto 90.3; photononstop/onoky 90.2; ZB/Burgi, Arno 8.3. |plainpicture, Hamburg: Muckenheim, F. 9.4. |Ruthe, Oda, Braunschweig: 16.6. |Salomea, Atelier Krülls, Berlin: 85.1. |Schobel, Ingrid, Hannover: 10.1, 12.1, 17.4, 17.5, 17.6, 23.4, 26.1, 26.2, 56.1, 59.1, 63.2, 68.2, 68.3, 68.4, 68.5, 71.2, 74.1, 75.1, 78.1, 86.1, 87.1, 88.1, 92.1, 92.2, 95.5. |Schuchardt, Wolf, Göttingen: 46.1, 46.2, 46.3, 46.4, 46.5, 46.6, 46.7, 46.8. |Schumann, Friederike, Berlin: 16.1. |Science Photo Library, München: Sams, Dan 96.1. |Shutterstock.com, New York: DreamHack 3.2; Hulai, Vitalii 49.1; Leonidas, Dimitris 70.3; Masiutkina, Elena 33.4; oliveromg 6.3; PHOTO FUN 50.5; Ponomarev, Sergio 14.3; silverjohn 72.9; Trybex 69.1; wavebreakmedia 90.1. |Simper, Manfred, Wennigsen: 18.4. |stock.adobe.com, Dublin: allexxandarx 53.2; Andrew 14.4; animaflora 18.1; brszattila 50.6; BUEHNER, MATTHIAS 35.4; by-studio 21.1; daskleineatelier 9.1; Dietl, Jeanette 30.3; electriceye 94.4; euthymia 72.6; FenrisWolf 6.1; Ga_Na 29.10; Gulben, Gilbert 60.1; kdshutterman 11.3; lesterman 23.1; magdal3na 23.2; Mark 3.1; Markus 72.7; Massey, Dave 50.2; Matthias 11.4; mirkograul 21.5; Neissl 27.1; nokturnal 67.3; Olexandr 25.2; OscarPorras 25.9; Parilov 67.2; playstuff 29.8; rcfotostock 23.3; Reicher 35.2; saengtong 36.3; sci 5.1; Sharif Photography 96.4; Sinuswelle 4.1; spot-shot 6.2; Sturm, Jenny 35.3; summersum 36.5; Syda Productions 7.1; Sysoev, Alexei 70.4; Tryfonov 55.1; Ursi, Michele 67.6; Werkmann, Bertold 72.3; Wiarda, Knut 24.1; Yeti Studio 11.5. |StockFood, München: Bayside 4.2; Kusiewicz, Tracey 25.7. |vario images, Bonn: imageBROKER 50.3; imageBROKER/Maksymenko, Oleksiy 95.3; Waldhäusl 95.2. |Wildermuth, Werner, Würzburg: 11.1, 31.1, 32.1, 32.2, 36.1, 36.2, 58.1, 82.1.

westermann GRUPPE

© 2021 Bildungshaus Schulbuchverlage
Westermann Schroedel Diesterweg Schöningh Winklers GmbH, Braunschweig
www.westermann.de

Druck A[1] / Jahr 2021
Alle Drucke der Serie A sind im Unterricht parallel verwendbar.

ISBN 978-3-14-**117387**-1

Die Basisseiten des Schulbuchs

Auf den zwei Basisseiten erfährst du eine Menge zum Thema.
Wichtiges wird mit einem gelben Kasten hervorgehoben.
Blaue Starthilfen helfen dir bei den Aufgaben.

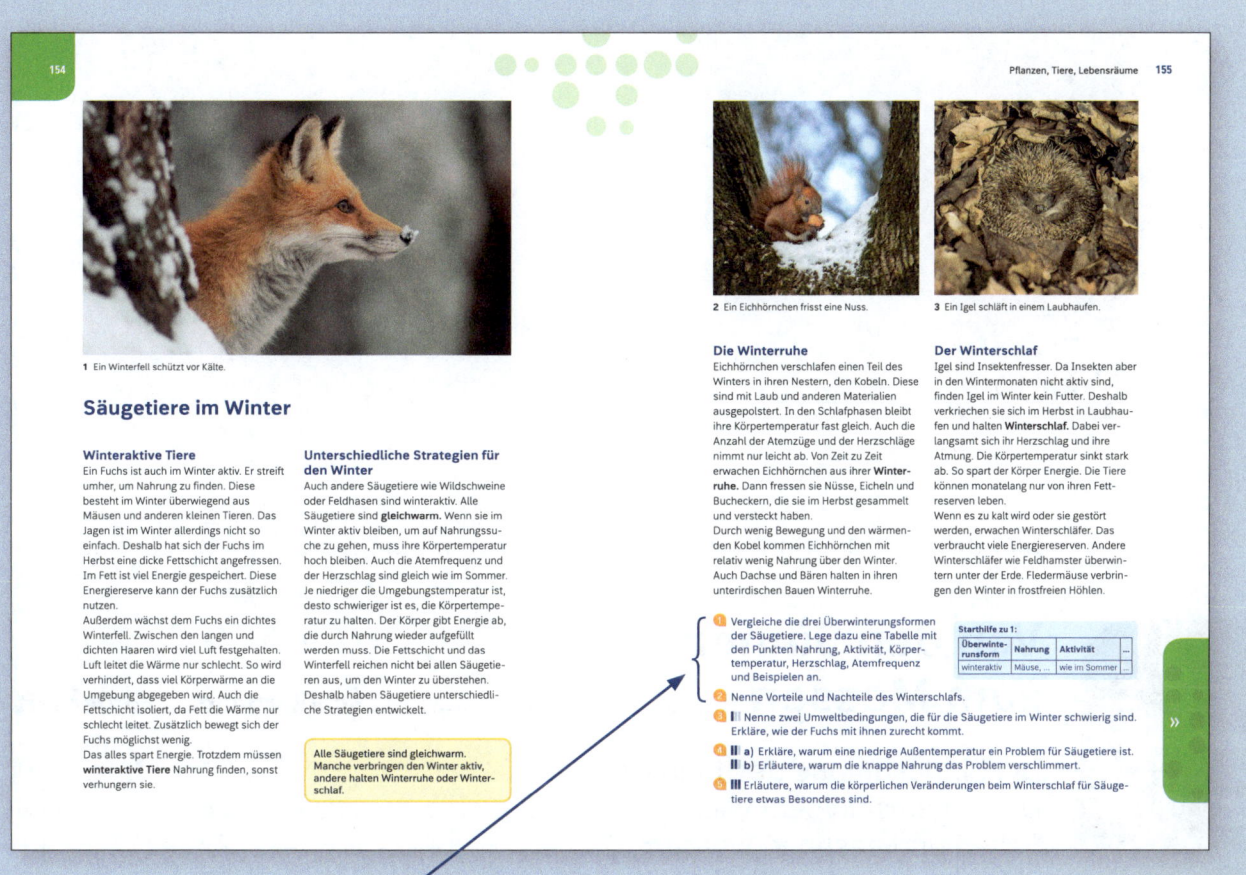

Zu diesen Basisaufgaben gibt es in diesem Förderheft weitere Aufgaben, die in der Nummerierung in der Regel den Basisaufgaben entsprechen und didaktisch reduziert sind.

Die Basisaufgaben des Schulbuchs

1 Mit den Basisaufgaben übst du alle wichtigen Inhalte des Themas. Sie werden von allen gemeinsam bearbeitet.

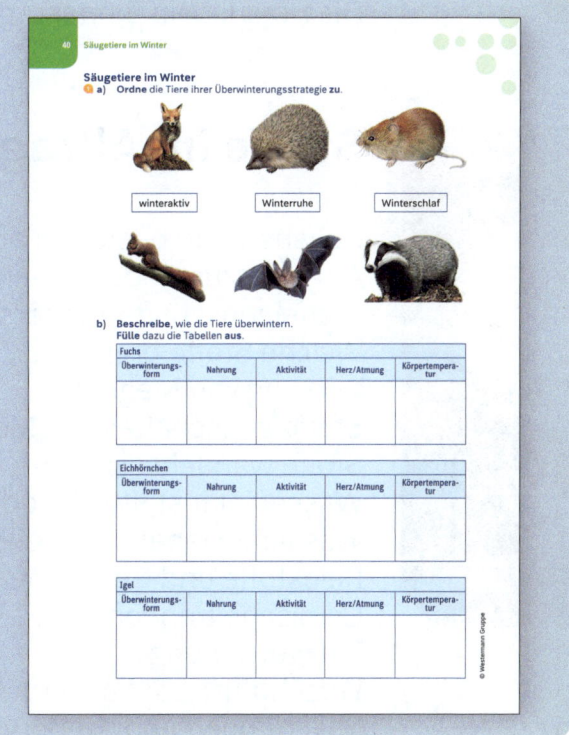

Inhalt

© Westermann Gruppe

Pflanzen, Tiere, Lebensräume

Die Welt des Kleinen und des Großen

Die Sonne als Energiequelle

Bewegung zu Wasser, zu Lande und in der Luft

Körper und Gesundheit

Die hellgrau markierten Seiten kannst du von unserer Webseite herunterladen. Gehe auf https://www.westermann.de/webcode und gebe den Code WES-117387-001 ein.

Sicheres Arbeiten im Fachraum

1 **a) Beschrifte** die Abbildung mit folgenden **Wörtern:**

> **Feuerlöscher • Erste-Hilfe-Kasten • Not-Aus-Schalter • Augendusche**

b) Beschreibe, wo sich die abgebildeten Gegenstände befinden.

2 **Kreuze** die richtigen **Verhaltensregeln** im Fachraum an.

Verhalten	falsch	richtig
Trinken zwischendurch ist erlaubt.		
Ich bleibe am Platz sitzen und verlasse den Platz nur, wenn ich etwas holen darf.		
Habe ich ein Problem, stehe ich auf und frage andere Gruppen.		
Essen und Trinken ist nicht erlaubt.		
Wenn ich weiß, welche Materialien ich brauche, kann ich sie schnell holen gehen.		
Chemikalien, Feuer und Geräte dürfen nur verwendet werden, wenn die Lehrkraft es erlaubt.		
Defekte Geräte oder verschüttete Chemikalien werden sofort gemeldet.		

Die Sinnesorgane nehmen Reize wahr

1 **Verbinde** das **Rummelerlebnis** mit dem passenden **Sinn**.

Erlebnis auf dem Jahrmarkt	
	Blinken der Fahrgeschäfte
	Autoscooter fahren und bremsen
	Duft von Popcorn
	Musik beim Karussell

angesprochener Sinn
Geruchssinn
Hörsinn
Sehsinn
Tast- und Schmerzsinn

2 Die Sinne wollen zusammen ein Spiel spielen. Können sie das?
Kreuze die richtigen Aussagen **an**.

Die „Sinne" wollen das Spiel „Ich sehe was, was du nicht siehst" spielen, aber es geht nicht, weil …

☐ das Ohr nicht den Sinnesreiz des Auges wahrnehmen kann.

☐ jeder Sinn nur den für ihn passenden Reiz wahrnehmen kann.

☐ das Ohr keine Lust hat mitzuspielen.

Sinnesorgane und Gehirn

3 **Setze** die Wörter richtig **ein**.

> **Sinneszellen • Signal • Reiz**

Das Sinnesorgan Ohr nimmt einen _____, wie z. B. laute Musik, aus der

Umwelt auf. Der Reiz wird im Ohr durch _____ in Signale umgewandelt.

Nerven leiten das _____ ans Gehirn weiter. So nehmen wir den Reiz wahr.

Der Bau des Auges

1   **a)**   **Verbinde** die **Teile** des Auges mit ihrer **Bezeichnung**.

       b)   **Kreise** die Tränendrüsen und den Tränennasengang **ein**.
           Hilfe findest du im Schulbuch.

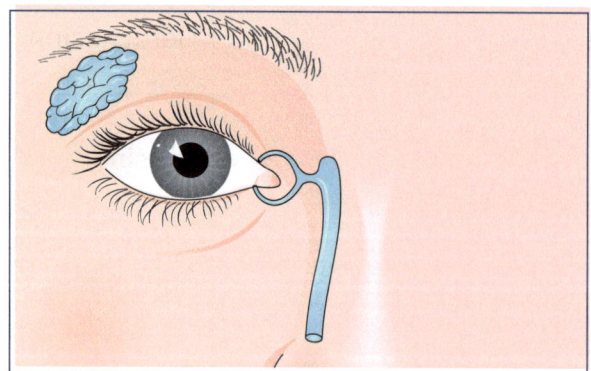

Augenbraue
Lid
Pupille
Wimpern
Regenbogenhaut
Tränendrüsen
Tränennasengang

2   **Kreise** die Schutzeinrichtungen des Auges **ein**.

Pupille   Wimpern   Augenlid   Regenbogenhaut

Augenfarbe   Augenbraue   Tränendrüsen

Der Seheindruck

3   **Verbinde** den **Teil** des Auges mit der richtigen **Funktion**.

Teil des Auges
Wimpern, Augenlid und Augenbrauen
Lederhaut
Linse
Regenbogenhaut
Tränendrüsen

Funktion
gibt die Augenfarbe und passt das Auge ans Licht an.
schützen das Auge vor Schmutz und Schweiß.
befeuchten das Auge, befördern so auch Fremdkörper hinaus.
schützt den Glaskörper und gibt die Form.
ermöglicht das scharfe Sehen.

Licht überträgt Informationen

❶ Beschrifte das Bilder mit folgenden **Begriffen:**

Auge • Sender • Empfänger • Lichtstrahlen • blinkende Lichter

_____   _____   _____

   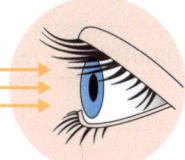

_____   _____

Selbstleuchtende und beleuchtete Körper

❷ Ordne die Bilder dem passenden Kasten **zu.**

beleuchtete Körper	selbstleuchtende Körper

Der Weg des Lichtes

❸ Verbinde die **Fachbegriffe** mit der **Erklärung**.

Fachbegriff	Erklärung
Reflexion	Dunkle Flächen nehmen das meiste Licht auf. Die Flächen erwärmen sich dabei.
Absorption	Das Licht wird wieder zurückgeworfen. Dies ist besonders bei glatten, glänzenden und hellen Flächen der Fall.
Streuung	Eine unebene Fläche lenkt das auftreffende Licht in verschiedene Richtungen.

»

Schallübertragung

1 Bringe die Aussagen in die **richtige Reihenfolge.**

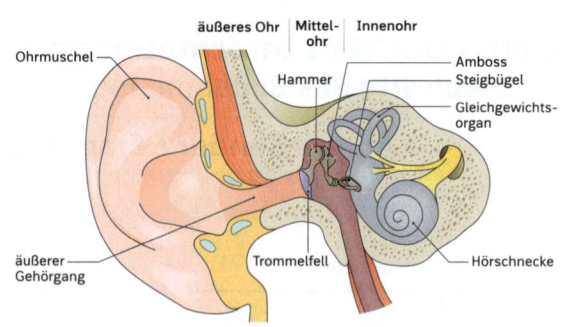

Nummer	Der Weg eines Geräusches bis zum Innenohr
	Die Gehörknöchelchen geben die Schwingung weiter an das Innenohr.
	Unsere Ohren fangen den Schall über die Ohrmuschel auf.
	Der äußere Gehörgang endet mit dem Trommelfell. Das Trommelfell wird vom Schall in Schwingung versetzt.
	Über die Hörschnecke werden die Sinneszellen gereizt. Nun bekommt der Hörnerv die Information über das Geräusch und gibt sie ans Gehirn weiter. Wir hören!
1	Geräusche werden über die Luft übertragen. Man nennt es Schall.
	Im Innenohr ist die Hörschnecke. Die Hörschnecke ist mit Flüssigkeit gefüllt. Die Flüssigkeit nimmt die Schwingung auf.
	Das Trommelfell überträgt die Schwingung auf die Gehörknöchelchen.
	Von der Ohrmuschel wird der Schall gesammelt und in den äußeren Gehörgang weitergeleitet.

Ohren brauchen Stille

2 **Erkläre**, **warum** Ohren **Stille** brauchen.
Tipp: Was können Ohren nicht im Gegensatz zu Augen.

_____

_____

Das Gleichgewichtsorgan

3 Wofür ist das **Gleichgewichtsorgan** zuständig? **Kreuze** an.

☐ für das Erkennen der Raumlage   ☐ für das Hören   ☐ für das Gleichgewicht

Der Bau eines Ohres

4 **Ordne** die Teile dem äußeren Ohr, dem Mittelohr und dem Innenohr **zu.**

| Hammer | | Ohrmuschel | | Trommelfell | | Amboss |

| äußeres Ohr | | Mittelohr | | Innenohr |

Schallsender und Schallempfänger
1 **Setze** die **Wörter** aus dem Kasten in die Lücken **ein**.

> **Schallempfänger** • **überträgt** • **Schwingung** • **Schallsender**
> **Schallüberträger** • **Schwingung** • **empfängt**

Die Klingel erzeugt durch _____ den Schall. Sie ist der

_____. Die Luft _____ den Schall. Die Luft ist der

_____. Das Ohr _____ den Schall. Das Ohr ist

_____.

Wie breitet sich Schall aus?
2 **Bringe** die **Aussagen** in die richtige **Reihenfolge**.

Nummer	Ausbreitung von Schall
	Schwingt die Glocke zurück, kommt es zur Luftverdünnung. Die Luftteilchen liegen weiter auseinander.
1	Eine schwingende Glocke stößt die Luftteilchen an.
	Die Schwingungen wechseln sich ab und breiten sich als Schall aus.
	Schwingt die Glocke vor, drückt sie die Luftteilchen zusammen. Das wird Luftverdichtung genannt.

Lautstärke und Tonhöhe
3 **Unterstreiche** Aussagen zur **Lautstärke** gelb und Aussagen zur **Tonhöhe** rot.

① Eine Gitarrensaite kann leicht schwingen. Der Ton ist leise.

② Eine kurze Gitarrensaite schwingt schneller als eine lange Gitarrensaite. Der Ton ist höher.

③ Eine lange Gitarrensaite schwingt langsamer. Der Ton ist tiefer.

④ Eine Gitarrensaite wird stark angezupft. Sie schwingt dadurch schneller. Der Ton ist laut.

⑤ Die Tonhöhe ist abhängig von der Länge der Gitarrensaite.

⑥ Die Lautstärke ist abhängig davon, wie stark die Gitarrensaite angezupft wird.

Körper haben ein Volumen und eine Masse

1 Kreuze die beiden wichtigen **Eigenschaften** von Körpern **an.**

☐ sind fest

☐ sind beweglich

☐ haben ein Volumen

☐ besitzen eine Masse

2 Fülle den **Lückentext** zur **Überlaufmethode** und **Differenzmethode** aus.

Bei der _____ steigt das Wasser im

Standzylinder an. Die _____

zwischen den beiden Wasserständen muss ausgerechnet

werden. Die Differenz entspricht dem

_____ des Gegenstandes.

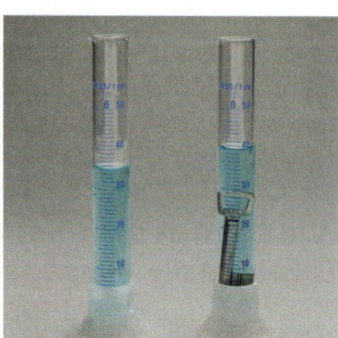

Bei der _____ wird das überlaufende

Wasser aufgefangen. Die übergelaufene Menge entspricht

dem _____. Man muss die Menge nur

ablesen. Man braucht keine _____.

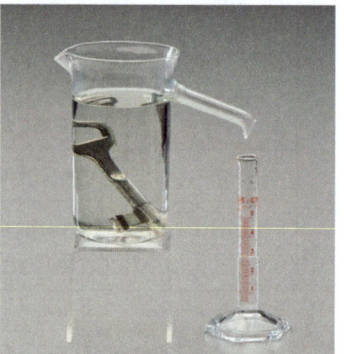

3 Betrachte die Abbildungen. **Nenne** die **Einsatzbereiche für die Waagen.**
Fallen dir noch mehr ein?

 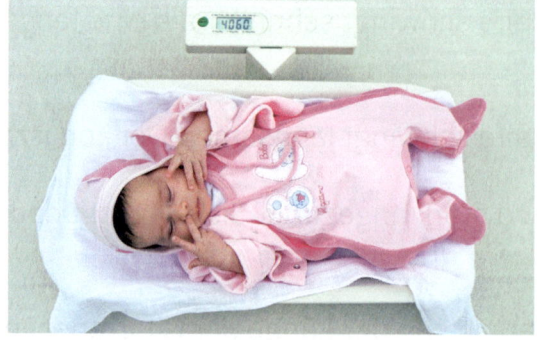 

_____

_____

_____

Die Haut ist ein vielfältiges Organ
1 **Kreise** die **Funktionen** der Haut **ein**.

fühlen   schön aussehen   Wärme- und Kälteempfinden

braun werden   Schutz   Abkühlung durch Schwitzen

w
Die Haut braucht Schutz
2 **Wie** schützt du dich **vor** der **Sonne**? **Nenne** Möglichkeiten.

_____

_____

_____

Die Sinneskörperchen
3 **Verbinde** die **Sinneskörperchen** mit der dazugehörigen **Wahrnehmung**.

Sinneskörperchen
Tastkörperchen
Kältekörperchen
Wärmekörperchen
freie Nervenendigungen

Wahrnehmung
Wärme
Schmerz, Juckreiz und Druck
Druck
Kälte

Gegenstände bestehen aus Stoffen

1 **Kreise** die verschiedenen **Bedeutungen** des Wortes **Stoff ein.**

Textilie   Süßigkeiten   Lernstoff   Tee   Material

2 **Ordne** die Gegenstände dem Stoff **zu.**

Kunststoff

Leder

Textilie

3 Ein **Gegenstand** kann aus **verschiedenen Stoffen** gemacht sein. **Schreibe** die Stoffe auf, aus denen der Gegenstand gemacht sein kann.

Becher   Tisch   Kleidung

_____   _____   _____

_____   _____   _____

_____   _____   _____

Ein Stoff in verschiedenen Zuständen

1 **Verbinde** die **Aggregatzustände** mit ihrer **Beschreibung**.

Aggregatzustand	Beschreibung
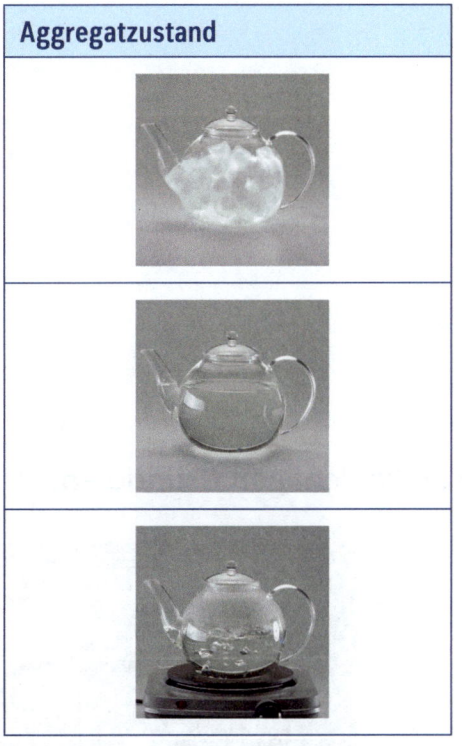	Das Wasser kann jede beliebige Form annehmen. Es gibt keine Lücken mehr zwischen den Wasserteilchen.
	Die Form ist nicht veränderbar. Zwischen den Eiswürfel sind Lücken.
	Das Wasser ist jetzt unsichtbar. Es breitet sich aus und braucht viel Platz.

Das Teilchenmodell

2 **Wasser** hat in den verschiedenen Aggregatzuständen eine **unterschiedliche Form.**
Zeichne in die Kannen die entsprechende **Form als Teilchenmodell.**

Im festen Aggregatzustand hat das Wasser eine zusammenhängende Form. Die Teilchen können sich nicht verschieben.

Im flüssigen Aggregatzustand können sich die Teilchen verschieben. Alle Lücken werden ausgefüllt. Die Abstände zwischen den Teilchen sind klein.

Im gasförmigen Aggregatzustand bewegen sich die Teilchen schnell. Sie haben große Abstände zueinander.

Sinnesorgane reichen nicht aus

1 **Kreuze an.** Welche Stoffpaare lassen sich mit den Sinnesorganen **nicht unterscheiden?**

☐ Eisen und Stahl

☐ Holzlaminat und Holzfußboden

☐ Alpenmilchschokolade und Zucker

☐ Apfelsaft und Orangensaft

☐ Keramik und Porzellan

2 **Griffe** an Kochtöpfen sind aus **Kunststoff**. **Kreuze** die richtigen **Gründe an.**

Kunststoff leitet die Wärme nicht.	
Kunststoff sieht besser aus.	
Kunststoff wird nicht warm.	
Kunststoff ist billiger.	

Löslichkeit

3 **Kreise** zwei **Stoffe ein,** die sich **in Wasser lösen** lassen.

Zucker

Öl

Schokolade

Mehl

Der Mensch nutzt das Feuer

1 Wobei **nutzt** der Mensch **Feuer** und **Brennstoffe? Kreise** ein.

| Heizung | Wasserkocher | |
| Kerze |

| LKW | Gasherd | Föhn | Computer |

2 **Kreuze** an, **brennbar** oder **nicht brennbar.**

Stoff	brennbar	nicht brennbar
Holz		
Benzin		
Stein		
Salz		
Heizöl		
Wasser		

3 Flüssige, feste oder gasförmige **Brennstoffe** werden **unterschiedlich genutzt. Kreuze** ihre Nutzung an.

	gasförmige Brennstoffe	flüssige Brennstoffe	feste Brennstoffe
Lagerfeuer			
Gasherd			
Heizöl			
Kamin			
Bunsenbrenner			
Treibstoff (Benzin)			

4 Die **Bedeutung** der Wörter von **Feuer** und **Brand** haben unterschiedliche Bedeutung. Feuer ist der allgemeine Begriff für Flammen. **Beschreibe,** was das Wort **Brand** bedeutet.

_____

_____

»

Magnete wirken anziehend

1 Werden die **Gegenstände** vom Magneten **angezogen**? Kreuze an.

Gegenstand		wird angezogen	wird nicht angezogen
	Büroklammer		
	Lineal		
	Goldring		
	Messer		
	Nagel		

2 Magnete **wirken** nur auf **bestimmte** Metalle. **Nenne** die **drei** Metalle.

_____

3 **Beschreibe**, **wo** die Nägel vom Magneten **angezogen** werden.

_____

_____

_____

_____

Magnete haben Pole

4 **Beschrifte** den Magnet mit **Nord- und Südpol. Male** ihn entsprechend **an**.

Elektrische Leitfähigkeit

1 **a) Kreuze** an, welche Stoffe **elektrische Leiter** sind.

☐ Eisen

☐ Holz

☐ Kunststoff

☐ Kupfer

b) Streiche die **falschen** Wörter **durch.**

Holz und Kunststoff **leiten/leiten nicht** den Strom weiter.

Eisen und Kupfer **leiten/leiten nicht** den Strom weiter.

Kabel bestehen aus Kupfer oder anderen Metallen, weil diese den Strom **weiterleiten/nicht weiterleiten.**

Schmelztemperatur und Siedetemperatur

2 **a) Verbinde** die **Stoffe** mit der passenden **Schmelztemperaturen** miteinander.

| Alkohol | | 801 °C |

| Salz | | − 114 °C |

b) **Verbinde** die **Stoffe** mit der passenden **Siedetemperatur.**

| Chlor | | 445 °C |

| Schwefel | | − 13 °C |

Aus Zucker wird Karamell

1 **a) Betrachte** die Abbildung. **Beende** die **Sätze**.

Wenn Zucker erhitzt wird, findet eine _____ statt.

Aus Zucker wird _____.

Wenn Karamell weiter erhitzt wird, wird daraus ein

_____.

b) Bei der Stoffumwandlung von Zucker zu Karamell haben sich die Stoffeigen-schaften des Zuckers verändert. **Kreuze an**, was sich verändert hat.

☐ Geruch

☐ Haltbarkeit

☐ Farbe

☐ Geschmack

Chemische Reaktion

2 Bei der Verbrennung von Grillkohle findet eine chemische Reaktion statt. **Kreuze** die Kennzeichen der chemischen Reaktion **an**.

☐ Zwei oder mehr Stoffe reagieren miteinander.

☐ Bei einer chemischen Reaktion wird immer etwas verbrannt.

☐ Es entsteht ein neues Produkt.

3 **Verbinde** die Ausgangstoffe und die Reaktionsprodukte richtig **miteinander**.

Ausgangsstoffe

Reaktionsprodukte

Sauerstoff

Asche

Kohlenstoffdioxid

Grillkohle (Kohlenstoff)

Wasser ist fest, flüssig oder gasförmig

1 **Ordne** die Bilder den Aggregatzuständen des Wassers **zu**.

fest	flüssig	gasförmig

Wasser kann seinen Zustand ändern

2 **a)** **Verbinde** die Sätze richtig **miteinander.**

Wenn festes Wasser flüssig wird,	heißt das verdampfen/ verdunsten.
Wenn flüssiges Wasser gasförmig wird,	heißt das erstarren.
Wenn Wasserdampf zu flüssigem Wasser wird,	heißt das schmelzen.
Wenn flüssiges Wasser fest wird,	heißt das kondensieren.

b) **Beschrifte** die Abbildung mit den **Fachbegriffen:**

> erstarren • schmelzen • kondensieren • verdampfen, verdunsten • fest • gasförmig • flüssig

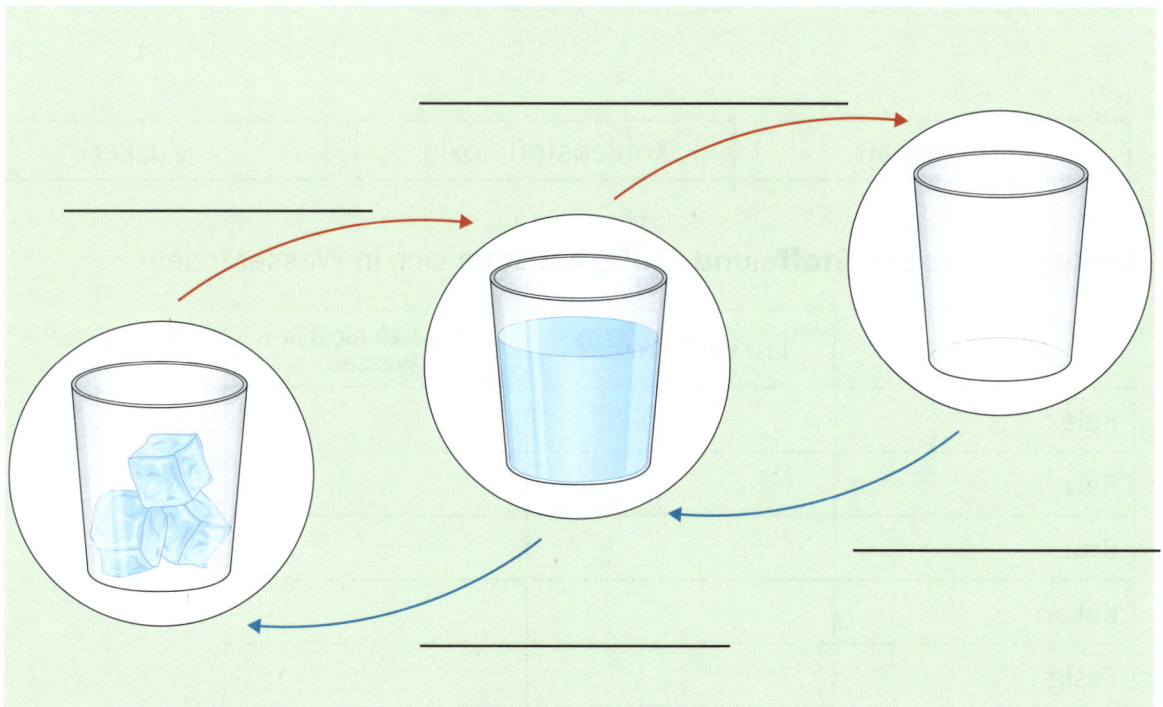

Wasser ist lebensnotwendig

1 Wasser ist für uns lebensnotwenig. **Kreuze** die **Gründe** dafür **an**.

☐ Wasser transportiert Nährstoffe im Körper.

☐ Wasser lässt uns jünger aussehen.

☐ Wasser scheidet Giftstoffe mit aus.

☐ Unser Körper besteht zu 70-80 % aus Wasser.

☐ Wasser sorgt dafür, dass wir viele Muskeln haben.

2 Dein Körper besteht zu 80% aus Wasser. **Berechne,** wie viel **Wasser** in deinem Körper ist**.**

Beispiel:
Du wiegst 45 Kilogramm. 45 Kilogramm sind 4500 Gramm.
Formel: 4500 Gramm x 80 % : 100 % = 3600 Gramm

Setze dein Gewicht in die Formel ein.
Benutze den Taschenrechner.

_____ Gramm x 80 % : 100 % = _____

Es sind _____ Wasser in deinem Körper.

3 In Orangenlimonade sind verschiedene Stoffe gelöst. **Verbinde** die Stoffe mit dem richtigen **Aggregatzustand.**

fest	flüssig	gasförmig

Orangensaft	Kohlenstoffdioxid	Zucker

4 **Kreuze an**, welche **Stoffe und Stoffgemische** sich in Wasser lösen.

	löst sich in Wasser	löst sich nicht in Wasser
Reis		
Salz		
Brot		
Kakao		
Essig		

Reinstoffe und Gemische

1 **Beschreibe** den **Unterschied** zwischen Reinstoffen und Gemischen. Die Satzanfänge helfen dir:

Reinstoffe bestehen aus nur _____.

Die Eigenschaften sind _____.

Gemische bestehen aus _____.

Die Eigenschaften _____.

2 **Entscheide**, ob Reinstoff oder Gemisch. **Schreibe** die Wörter in die **richtige Spalte**.

naturtrüber Apfelsaft	Gold	Eisen	Aluminium	Zucker

Salatsoße	Müsli	Limonade	Rauch

Reinstoff	Gemisch

3 **Verbinde** die **Gemische** mit ihren **Stoffbestandteilen**.

Gemisch
Rauch
Zahnpasta
Schaum

Stoffbestandteile
feste und flüssige Stoffe
flüssige und gasförmige Stoffe
gasförmige und feste Stoffe

Gemische trennen

1 Um Gartenerde und Wasser voneinander zu trennen, musst du das **Wasser filtrieren. Beschreibe** den **Vorgang** anhand des Bildes.

Filter falten

Rückstand

Filter

Filtrat

_____

_____

_____

_____

_____

_____

_____

_____

2 Möchtest du aus Meerwasser **Salz gewinnen,** musst du das **Wasser eindampfen.** Betrachte die Abbildung. Bringe die Abfolge in die **richtige Reihenfolge.**

Nr.	Abfolge des Eindampfens	
	Meerwasser erhitzen.	
	Das Salz bleibt am Ende übrig	
	Meerwasser in eine Schale geben.	
	Das Wasser verdampft.	

3 Möchtest du **Trinkwasser** aus Meerwasser **gewinnen,** musst du das **Wasser destillieren. Setze** folgende **Wörter** in die Lücken **ein.**

kondensiert • Dampf • destilliert • erhitzt

Das Meerwasser muss _____ werden. Dafür wird das Meerwasser

_____. Der _____ muss aufgefangen werden.

Der Dampf _____ in einem zweiten Behälter und wird wieder

flüssig.

Salzgewinnung

1 **a) Benenne**, was mit „**weißem Gold**" bezeichnet wird.

_____

b) Erkläre, warum es als „**Gold**" bezeichnet wurde.

_____

2 Salz ist lebenswichtig für uns Menschen. **Wie viel Salz** muss jeder Mensch am Tag zu sich nehmen? **Kreise ein**.

20 Gramm   2 Gramm   6 Gramm

3 Salz kann aus unterschiedlichen Quellen gewonnen werden. Kreuze die Quellen an.

☐ aus Gras   ☐ Meerwasser

☐ aus der Erde   ☐ Gestein

☐ Quellen   ☐ aus Flüssen

4 Salz kann aus dem Meer gewonnen werden. **Schreibe** die Abläufe in der **richtigen Reihenfolge auf.**

In den Becken verdunstet das Wasser. • Das Meerwasser fließt in die Becken.

Es werden große Becken werden angelegt. • Im Becken bleibt das Salz übrig.

_____

_____

_____

_____

_____

_____

_____

Verschmutztes Wasser ist Abwasser

1 **Kreise ein,** wie wir Menschen das Wasser **verschmutzen.**

waschen   kochen   zur Toilette gehen

Geschirr spülen   Wasserhahn vergessen auszumachen

In der Kläranlage

2 **Abwasser** wird in der Kläranlage **gereinigt.**
Füge die **Reinigungsschritte** in der **richtigen Reihenfolge** in das Fließdiagramm ein.

> **Vorklärbecken • Rechen • Zulauf • Belebungsbecken • Fettfang • Sandfang**

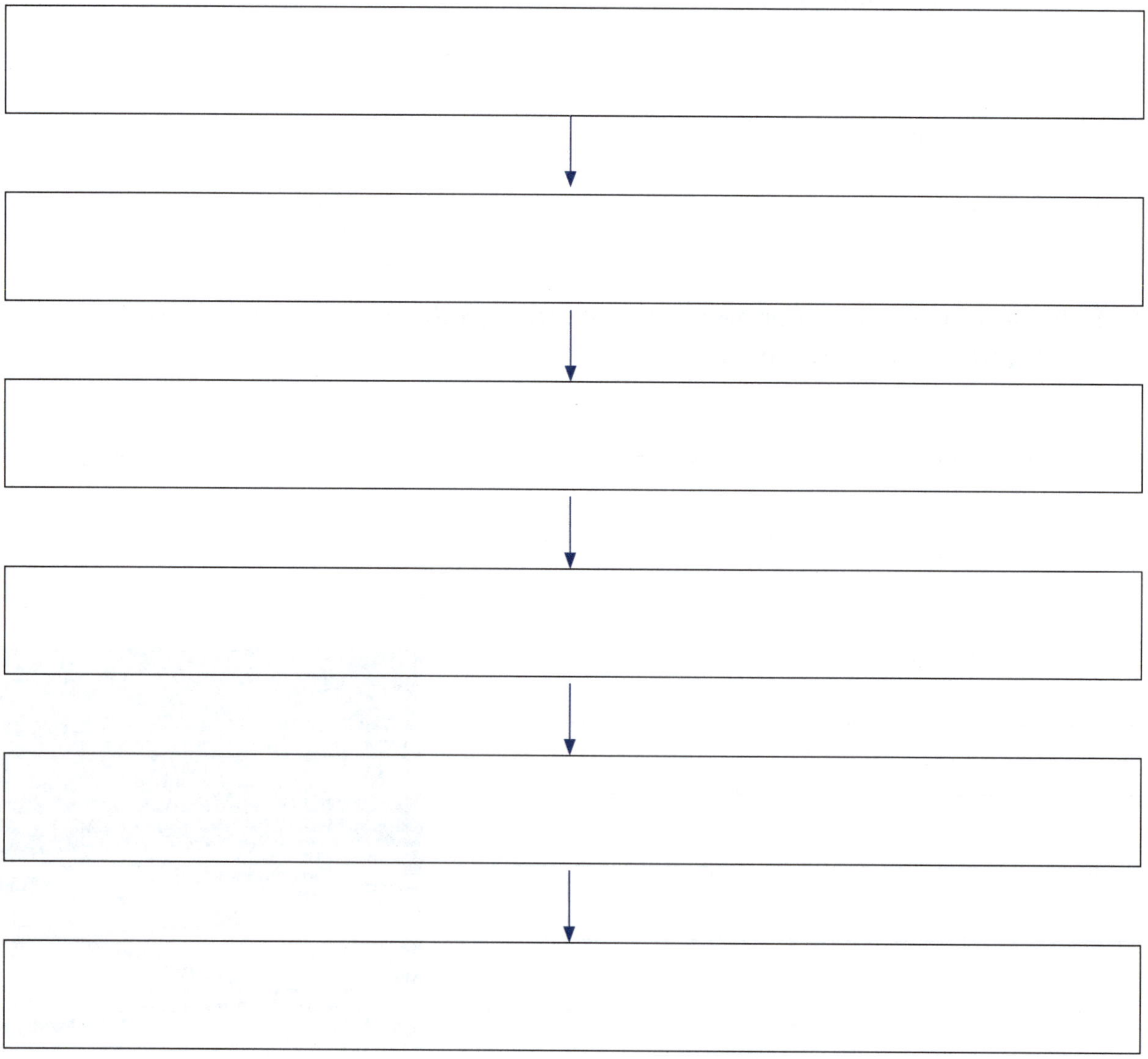

↓

↓

↓

↓

↓

Müll trennen und verwerten

1 **Müll** muss **getrennt** werden, damit er **recycelt** werden kann.
Trenne den Müll richtig. **Verbinde** den **Müll** mit dem passenden **Mülleimer.**

2 **a)** Überlege dir, **wie viel** und **welchen Müll** du an einem Tag hast. **Schreibe** es
auf.
Tipp: Welche Verpackungen benutzt du am Tag? Achte darauf, was du weg
wirfst.

_____

_____

_____

b) Was könntest du **verändern,** um weniger Müll zu haben? **Schreibe** es **auf.**

_____

_____

_____

3 Was wirfst du in den **Restmüll?** Schreibe mindestens drei **Beispiele** auf.

_____

_____

Kennzeichen von Lebewesen beim Kaninchen

❶ Beschreibe, wie du jedes **Kennzeichen** vom Lebewesen bei einem Kaninchen erkennst.
Schreibe es unten in den **Kasten**.

Kennzeichen von Lebewesen	Beim Kaninchen
selbstständige Bewegung	
Reaktion auf Reize (Verhalten verändert sich bei Geschehnissen von außen)	
Stoffwechsel (das bedeutet z. B., dass Essen und Trinken in Kot und Urin umgewandelt werden)	
Fortpflanzung	
Wachstum und Entwicklung	

Eine Sonnenblume ist ein Lebewesen

❷ a) Ordne die Sätze den **Kennzeichen** des Lebewesens **zu**.

Sonnenblume als Lebewesen	Kennzeichen von Lebewesen
Sie dreht ihre Blüten zur Sonne hin.	
Sie nimmt Wasser auf und gibt Sauerstoff ab.	
Sie wächst und blüht.	
Sie hat Samen und nutzt diese zur Vermehrung.	

b) Manche **Kuscheltiere** können laufen und mit den Ohren wackeln.
Nenne mindestens **drei Kennzeichen** von Lebewesen,
die ein Kuscheltier trotzdem **nicht** hat.

_____

_____

_____

Grundbauplan einer Blütenpflanze

1 **Trage** die **Wörter** aus dem Kasten in den Lückentext **ein**.

> **Sprossachse • Spross • zwei • Wurzel**

Eine Blütenpflanze besteht aus _____ Teilen. Ein Teil ist in der Erde, der andere

Teil darüber. Der Teil über der Erde heißt _____. Der Teil unter der Erde heißt

_____. Die _____ gibt der Pflanze ihre typische Form.

Pflanzenteile und ihre Funktionen

2 **Verbinde** die **Pflanzenteile** mit ihrer **Funktion**.

Pflanzenteile		Funktion
Laubblatt		gibt festen Halt im Boden und nimmt Wasser auf
Wurzel		stellt Nährstoffe und Sauerstoff her
Leitungsbahnen in der Sprossachse		braucht die Pflanze zur Fortpflanzung
Blüte		transportieren Wasser und Mineralstoffe
Wurzel		speichert Stoffe

Verschiedene Wuchsformen

3 **Verbinde** die unterschiedlichen **Wuchsformen** im Bild und **Kästchen** miteinander!

Sträucher

Krautige Pflanzen

Bäume

grüner Spross – Spross stirbt im Winter ab

Seitentriebe aus Holz – werden viele Jahre alt

Sprossachse ist ein Holzstamm – haben eine Baumkrone

Der Aufbau der Blüte

1 **Beschrifte** den Bau einer Blüte. **Benutze** die **Wörter** aus dem Kasten.

> Narbe • Griffel • Fruchtknoten • Staubfaden • Stempel •
> Staubbeutel • Staubblatt • Kronblatt • Kelchblatt • Blütenboden •
> Samenanlage mit Eizelle

①	
②	
③	
④	
⑤	
⑥	
⑦	
⑧	
⑨	
⑩	
⑪	

Befruchtung

2 **Erkläre** die Befruchtung. **Trage** die **Wörter** aus dem Kasten in den Lückentext **ein**.

> männliche Spermienzelle • weibliche Eizelle • Pollenkörnern •
> Griffel • Pollenschläuche • Fruchtknoten

Aus den Pollenkörnern auf der Narbe wachsen _____.

Ein Pollenschlauch schafft es durch den _____ bis in den

_____ zu wachsen. In dem Pollenschlauch ist die

_____. Der männliche Samen trifft im Fruchtknoten auf die

_____. So wird die Eizelle befruchtet.

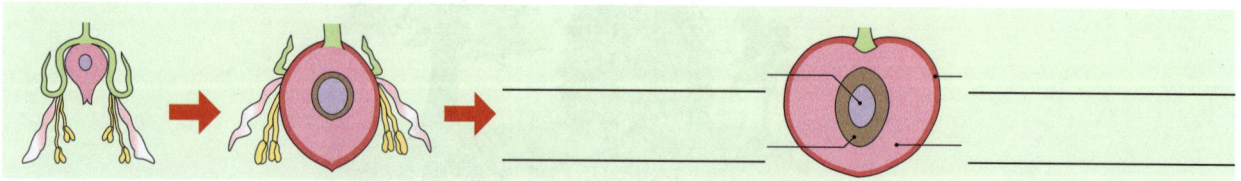

3 **Beschrifte** die Abbildung. **Beschreibe**, was mit dem Fruchtknoten passiert.
Benutze folgende **Wörter:**

> Fruchtknoten • dicker • Kirschkern • Kern • neue Samen

_____

Bau eines Samens

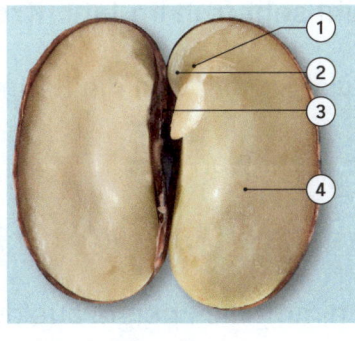

① _____

② _____

③ _____

④ _____

1 vor und nach dem Wasserkontakt   **2** Aufgeklappter Samen

❶ Beschrifte den aufgeklappten Samen mit folgenden **Begriffen**:

> Laubblatt • Keimwurzel • Keimstängel • Keimblatt

Der Samen keimt

❷ Setze die **Wörter** in die Lücken **ein**.

> Keimung • groß • Keimwurzel • Wasser • quillt • Keimblätter • schwer

Der Samen einer eingepflanzten Gartenbohne nimmt aus dem Boden _____

auf. Der Samen _____ auf und wird _____ und _____.

Jetzt kann die _____ wachsen. Der Keimstängel wächst auch und zieht

die _____ aus dem Boden heraus. Der Keimstängel und die Keim-

blätter wachsen. Die _____ ist fertig, wenn die Bohne grüne Blätter hat.

Geschlechtliche und ungeschlechtliche Vermehrung

❸ Verbinde die Kästen mit den Bildern.

| Geschlechtliche Fortpflanzung | Ungeschlechtliche Fortpflanzung |

| Die Pflanze hat nur eine Mutter-pflanze. Sie entwickelt sich ohne Bestäubung und Befruchtung. | Die Pflanze hat zwei Elternpflanzen. Sie entwickelt sich nach der Bestäubung und Befruchtung. |

Die ersten Blüten im Frühling

1 Das Schneeglöckchen blüht sehr früh im Jahr. **Kreuze** die Gründe **an**.

☐ Die Zwiebel bekommt viel Sonne, weil die Bäume noch keine Blätter haben.

☐ Im Frühling ist es schon sehr warm.

☐ Das Schneeglöckchen speichert Energie in der Zwiebel.

☐ Das Schneeglöckchen nimmt die Energie aus dem Boden.

Ein Kreislauf

2 **Beschreibe** den **Kreislauf** der Frühblüher. **Kreuze** die richtige Antwort **an**.

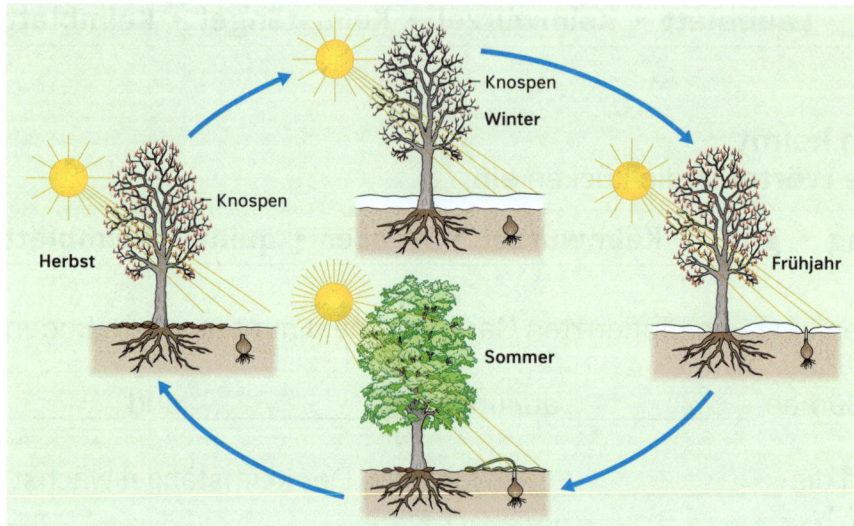

Frühblüher im Frühjahr	Frühblüher im Sommer	Frühblüher im Herbst	Frühblüher im Winter
☐ sind in voller Blüte	☐ sind in voller Blüte	☐ sind in voller Blüte	☐ sind in voller Blüte
☐ kommen aus dem Boden	☐ kommen aus dem Boden	☐ kommen aus dem Boden	☐ kommen aus dem Boden
☐ bauen Nährstoffe auf	☐ bauen Nährstoffe auf	☐ bauen Nährstoffe auf	☐ bauen Nährstoffe auf
☐ sterben ab	☐ sterben ab	☐ sterben ab	☐ sterben ab
☐ Zwiebeln speichern die Energie	☐ Zwiebeln speichern die Energie	☐ Zwiebeln speichern die Energie	☐ Zwiebeln speichern die Energie

Es wird dunkler und kälter

3 Im **Herbst verändert** sich die **Natur**. **Kreise** ein.

weniger Sonnenlicht   wärmer   Blätter fallen ab   kälter

neue Blüten bilden sich   Blätter verfärben sich

Pflanzen in Lebensräumen

1 a) **Betrachte** die Pflanze in der Abbildung.
Kreise die passenden **Merkmale** zum Aussehen der Pflanze **ein.**

tiefe Stängel   kleine Blätter

große Blätter

dicke Blätter

herzförmige Blätter

kurze, dicke Stängel

b) Pflanzen sehen sehr unterschiedliche aus. **Kreuze den Grund** dafür **an.**

☐ Die Pflanzen haben sich weiterentwickelt. Früher sahen alle gleich aus.

☐ Die Pflanzen sind an ihrem Lebensraum angepasst.

☐ Die Menschen haben die Pflanzen so gezüchtet.

2 a) Pflanzen brauchen drei Faktoren, um leben zu können.
Benenne die Faktoren. Die Abbildung hilft dir dabei.

_____

_____

_____

b) Die Seerose in der Abbildung oben ist ihrem Lebensraum sehr gut ange-
passt. **Vervollständige die Sätze.**

Die Seerose hat große Blätter an der Wasseroberfläche, damit sie

_____

Die Seerose hat lange tiefe Stängel, damit sie

_____

3 Der Kaktus lebt in der Wüste. Dort ist es sehr heiß und es gibt wenig Wasser.
Kreise ein, wodurch der sich an den **Lebensraum angepasst** hat.

tiefe Wurzeln   dicker Stamm   Blätter sind Dornen   große Blätter

Kreuzblütengewächse und Schmetterlingsblütengewächse

1 a) Pflanzen, die gleich gebaut sind, gehören zu einer **Pflanzenfamilie**.
Beschrifte die Blüte einer Kreuzblüte und einer Schmetterlingsblüte.
Hilfe findest du im Schulbuch.

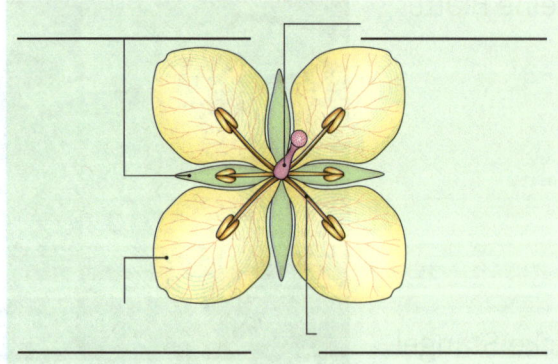 

b) **Verbinde** die **Bilder** mit der **Pflanzenfamilie**.

1 Rettich   **2** Bohne   **3** Rucola

Kreuzblütengewächse	Schmetterlingsblütengewächse

2 Verbinde die **Pflanzenfamilie** mit der richtigen **Beschreibung**.

Kreuzblütengewächse		Die Früchte heißen Schote.
		Alle Kohlsorten gehören zu der Pflanzenfamilie.
		Die Früchte heißen Hülsenfrüchte.
Schmetterlingsblütengewächse		Die Pflanzenfamilie liefert dem Menschen wichtige Nährstoffe, wie z. B. Eiweiß.
		Zu der Pflanzenfamilie gehören z. B. Erbsen und Bohnen.

Der Hund und seine besonderen Eigenschaften

1 a) **Nenne** drei besondere Aufgaben von Hunden.

_____

_____

_____

b) Welcher **Sinn** ist beim Hund besonders gut? **Kreise ein.**

fühlen   sehen   riechen

hören   tasten

Der Körperbau des Hundes

2 **Schreibe** die richtigen Wörter in die **Lücken.**

verständigen • Pfoten • vier • Wirbeltieren • Zehengänger

Hunde berühren den Boden nur mit ihren _____. Man nennt sie deswegen

_____. Hunde laufen auf _____ Beinen.

Hunde haben eine Wirbelsäule, sie gehören zu den _____.

Ihr Schwanz ist beweglich und hilft beim Balancieren. Mit dem Schwanz

_____ Hunde sich auch.

Das Raubtiergebiss vom Hund

3 a) **Beschrifte** die Abbildung. **Hilfe** findest du im Buch.

① _____

② _____

③ _____

④ _____

b) **Verbinde** den **Zahn** mit seiner **Funktion.**

Eckzahn	Reißzahn	Schneidezahn	Backenzahn

zerschneidet Fleischstücke	hält die Beute fest	reißt das Fleisch raus	zupft Fleisch vom Knochen

Der Hund stammt vom Wolf ab

1 Der Mensch lebte schon früh mit dem Wolf zusammen.
Kreise die Gründe **ein**.

Schutz   Spielen   Jagd   Kuscheln

Verhalten von Hund und Wolf

2 Hunde und Wölfe verhalten sich ähnlich.
Nenne zwei ähnliche Verhaltensweisen.

_____

_____

Die Fortpflanzung des Hundes

3 **Setze** die Wörter in die Lücken **ein**.

> **Säugen • Welpen • Nesthocker • taub • Säugetieren • blind • acht**

Eine Hündin ist _____ Wochen schwanger. Die Hundebabys heißen

_____.

In den ersten zwei Wochen sind sie _____ und _____.

Hundewelpen brauchen die Mama. Sie heißen deswegen _____.

Die Welpen trinken Muttermilch. Das Trinken heißt _____.

Hunde gehören zu den _____.

Wölfe leben im Rudel

4 **Schreibe** zu den Stichwörtern einen Satz **auf**.

> **Wölfe • leben • Rudel**

_____

> **Rudel • besteht aus • Eltern • Kindern**

_____

> **Rudel lebt • großes Revier • markiert • das Revier • Duftstoff im Urin**

_____

Die Abstammung und Lebensweise der Rinder

1 a) Unsere Hausrinder sind durch Züchtung entstanden.
Nenne den **Namen** des Wildrindes. Von ihm stammen die Hausrinder ab!

_____

b) Unsere Hausrinder sind Nutzrinder. Es gibt zwei verschiedene **Nutzrinder. Nenne** sie!

_____ liefern _____

_____ liefern _____

c) **Verbinde** die Kästen!

| männliches Rind | | weibliches Rind | | Kind vom Rind |

| Kuh | | Kalb | | Bulle |

Die Ernährung der Rinder

2 a) **Beschreibe,** wie das Rind das Gras abreißt.
Das Rind umschließt mit seiner Zunge ...

_____

_____

b) **Beschreibe,** wie das Gras zermahlen wird.
Die breiten Backenzähne ...

_____

_____

c) Die **Nahrung** des Rindes muss durch viele Mägen. **Zeichne** den **Weg** mit **Pfeilen.** (Hilfe: siehe Schülerband) Achtung, die Nahrung wird einmal wieder ins Maul zurückgewürgt!

Pansen   Dickdarm

Maul

Netzmagen   Dünndarm

Blättermagen   Labmagen

Säugetiere im Winter

1 a)   Ordne die Tiere ihrer Überwinterungsstrategie **zu**.

| winteraktiv | Winterruhe | Winterschlaf |

b)   Beschreibe, wie die Tiere überwintern.
Fülle dazu die Tabellen **aus**.

Fuchs				
Überwinterungs-form	Nahrung	Aktivität	Herz/Atmung	Körpertempera-tur

Eichhörnchen				
Überwinterungs-form	Nahrung	Aktivität	Herz/Atmung	Körpertempera-tur

Igel				
Überwinterungs-form	Nahrung	Aktivität	Herz/Atmung	Körpertempera-tur

Vögel im Winter

1 **a)** Es gibt Standvögel und Zugvögel. **Ordne** die Bilder entsprechend **zu**.

| Standvögel | | Zugvögel |

b) **Standvögel** sind an den Winter **angepasst**. **Kreuze** an, wie die Vögel das machen.

☐ plustern ihr Gefieder auf, um warm zu bleiben

☐ warten auf Futter vom Menschen

☐ bewegen sich wenig

☐ überwintern im Keller

Futtersuche

2 **Streiche** das falsche Wort **durch**.

Die Standvögel bleiben im Winter **hier / nicht hier.** Sie müssen sich ihr Futter suchen. Wenn es friert, können die Vögel **schwer / leicht** Nahrung finden. Der Schnee bedeckt ihre Nahrung. Der Boden ist so gefroren, dass sie keine Würmer rauspicken können.

Zugvögel fressen **Insekten / Körner.** Bei uns gibt es im Winter **Insekten / keine Insekten.** Deswegen müssen die Zugvögel in ein anderes Land fliegen.

Leben am und im Teich

1 a)   **Beschreibe,** wer frisst wen.

Gräser   Heuschrecke   Laubfrosch   Storch

→ wird gefressen von

_____

_____

b)   **Nenne** den **Fachbegriff** für die Abfolge von Fressen und Gefressen-Werden.

_____

2 **Ordne** den Gewässerzonen typische Pflanzen und Tiere **zu.**
Betrachte hiefür die **Abbildung**.

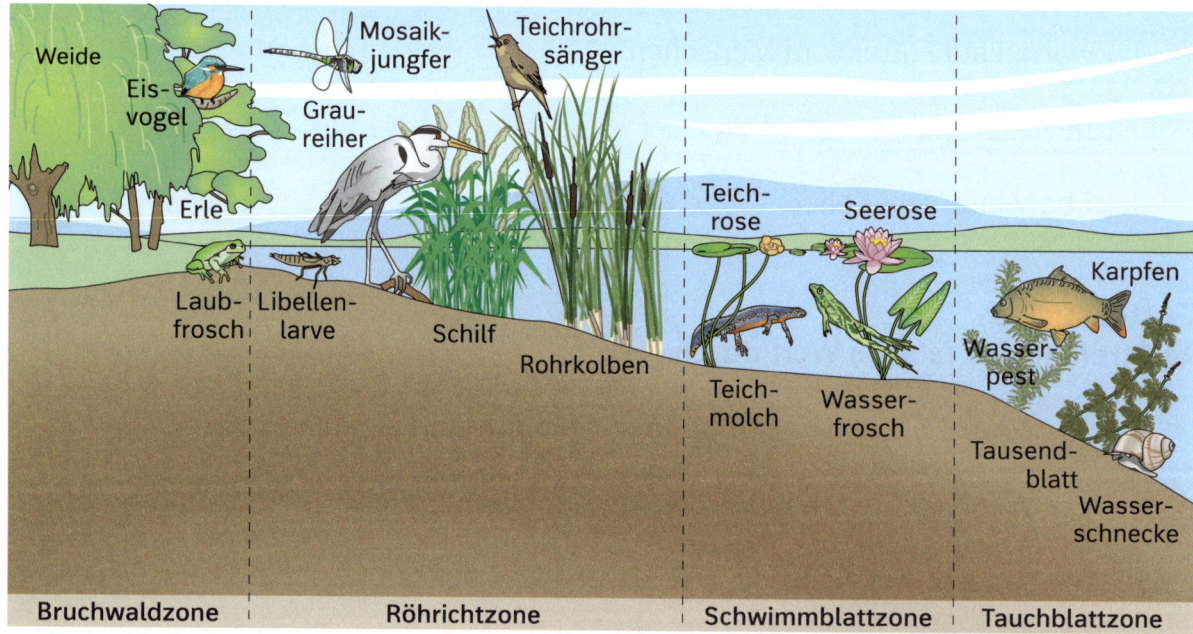

Gewässerzone	Pflanzen	Tiere
Bruchwaldzone		
Röhrichtzone		
Schwimmblattzone		
Tauchblattzone		

Laubfrösche im Wasser und an Land

1 Laubfrösche leben in verschiedenen Lebensräumen.
Verbinde den **Lebensraum** mit der **Erklärung** im Kasten.

1 Frosch an Land

2 Frosch im Wasser

| paaren sich, legen Eier ab | jagen Insekten |

Aus Eiern entwickeln sich Larven

2 a)   **Nummeriere** die **Bilder** der Reihenfolge nach.
b)   **Beschrifte** die Abbildung mit folgenden **Begriffen**:

> **Kaulquappe • Kaulquappe mit Hinter- und Vorderbeinen • Laich • junger Laubfrosch • Kaulquappe mit Hinterbeinen**

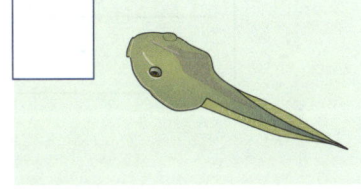

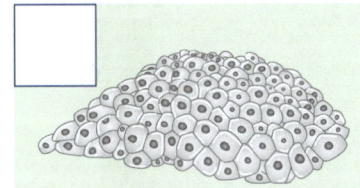

———————————————

———————————————

———————————————

c)   Aus Larven werden Frösche.
Wie nennt man die **Verwandlung** vom **Ei** über eine Kaulquappe zum **Frosch**?
Bringe die Buchstaben in die **richtige Reihenfolge**.

E   T   M   O   R   M   P   S   O   E   A   H

———————————————

≫

Der Baum als Lebensraum

1 **a)** **Verbinde** die Lebensräume mit dem Baum. **Schreibe** den Lebensraum in den Kasten.

b) **Schreibe** zu jedem Lebensbereich zwei Tiere in die Kästen.

Lebensräume

Tiere

_____

- Nistplatz
- Insekten und Käfer legen Eier ab

_____

_____

- Nahrung für Insektenlarven und kleine Tiere

_____

_____

- Nistplatz
- Blätter als Nahrung

_____

Krone

Stamm

Wurzeln

Nutzung der Lebensräume

2 **a)** **Schreibe** in die Kästen, was der Buntspecht frisst.

b) **Schreibe** in die Kästen, von wem der Buntspecht gefressen wird.

wird gefressen von

wird gefressen von

Der Buntspecht baut im Stamm seine Brut-höhle und findet unter der Rinde Nahrung.

Das Eichhörnchen

1 a) **Schreibe** die Funktion zu den körperlichen Merkmalen hinzu.

> **öffnen von Nüssen • Gleichgewicht halten und Sprünge steuern •**
> **Festhalten an der Baumrinde • klettern und springen**

Körperliches Merkmal	Funktion
scharfe Krallen	
lange und starke Hinterbeine	
buschiger Schwanz	
Nagezähne	

b) **Erkläre** das Wort Nagetier mit einem Satz. Die Stichwörter helfen dir.

> **Schale von Nüssen • öffnen • spitzen Nagezähnen**

Eichhörnchen sind Nagetiere, weil sie

Der Baummarder

c) **Schreibe** die Funktion zu den körperlichen Merkmalen hinzu.

> **Gleichgewicht halten • Festhalten an der Baumrinde •**
> **klettern • Fangen und zerkleinern der Beute**

Körperliches Merkmal	Funktion
scharfe Krallen	
lange und starke Hinterbeine	
buschiger Schwanz	
Raubtiergebiss	

2 **Kreise** die Gemeinsamkeiten vom Baummarder und vom Eichhörnchen **ein**.

Säugetiere   gleichwarm   können gut klettern   Raubtiere

haben Fell   können gut schwimmen   wirbellose Tiere

Was ist ein Lebensraum?

1 **Kreise ein**, was zu einem Lebensraum und seinen Umweltbedingungen gehört.

Lichtstärke   Wasser   Beschaffenheit des Bodens   Temperatur

Feuchtigkeit   Wind

Verschiedene Lebensräume und ihre Lebensgemeinschaft

2 **Verbinde** die Bilder mit dem passenden **Lebensraum**.

| Pflasterritze | Wiese | Rasen |

3 **Verbinde** den Lebensraum Wiese und Rasen mit den richtigen Textbausteinen.

oft gemäht

Pflanzen haben
Zeit zum Blühen

viele verschiedene
Pflanzen und Tiere

Wiese

selten gemäht

Pflanzen haben keine
Zeit zum Blühen

Rasen

wenig verschiedene
Pflanzen und Tiere

Fledermäuse sind Säugetiere

1 Woran kann man erkennen, dass Fledermäuse Säugetiere sind? **Kreuze an**!

☐ Sie haben ein Fell aus Haaren.

☐ Sie fressen nur andere Tiere.

☐ Sie säugen ihre Junge.

☐ Sie bringen lebende Junge zur Welt.

Das Leben der Zwergfledermaus

2 Fledermäuse leben im Winter anders als im Sommer.
Verbinde die Bilder mit den passenden Kästen.

| • Ende-September bis Mitte April
 • schlafen in Höhlen, Kellerräumen | Wochenstube | • Juni bis Juli
 • bis zu 50 Müttern
 • säugen ihre Kinder
 • wärmen sie | Winterschlaf |

Jagen mit Echoortung

3 **Schreibe** die passenden Wörter in die Lücken.

Echoortung • Schallwellen • Echo

Fledermäuse jagen nachts Insekten. Dazu senden sie _____ aus.

Die Schallwellen werden von den Insekten als _____ reflektiert, also

zurückgesendet. Das Echo hören die Fledermäuse. Jetzt wissen sie, wo das Insekt

ist. Das nennt man _____.

Die Bedeutung einer Hecke für Mensch und Tier

1 **Verbinde** die Bedeutungen der Hecke für den Menschen und für die Tiere.

Sichtschutz
Schutz vor Kälte und Hitze
Schutz vor Lärm und Wind
Schutz vor Abgasen
Nahrung
Nistplatz

Mensch

Tier

Nahrungsketten

2 **Schreibe** zwei Nahrungsketten auf. Beginne unten mit einer Pflanze. Das Schulbuch kann dir helfen.

1. Nahrungskette

wird gefressen von

wird gefressen von

2. Nahrungskette

wird gefressen von

wird gefressen von

Eidechsen sind wechselwarm

1 Reptilien haben besondere Merkmale. *Kreuze an*.

☐ Sie haben eine trockene, schuppige Haut.

☐ Sie leben nur im Schnee.

☐ Sie sind wechselwarm.

☐ Sie legen Eier mit einer ledrigen Schale.

2 Eidechsen sind wechselwarme Tiere.
Kreuze die richtige Aussage **an**.

Wenn es warm ist, ist ihre Körpertemperatur

☐ auch warm.

☐ immer gleichbleibend egal ob warm oder kalt.

☐ kalt.

Wenn es kalt ist, ist ihre Körpertemperatur

☐ auch warm.

☐ immer gleichbleibend egal ob warm oder kalt.

☐ kalt.

Die Fortpflanzung und die Häutung

3 Eidechsen sind an das Leben in heißen Gegenden angepasst.
a) **Schreibe** zwei Merkmale in Sätzen dazu **auf**. Die Stichwörter helfen dir.

Eier • Haut

_____

_____

_____

b) **Streiche** die falschen Wörter **durch**.

Eidechsen **wachsen/wachsen nicht** ihr Leben lang. Ihre Haut **wächst / wächst**

nicht mit. Deswegen müssen sie sich häuten. Die alte Haut wird dabei **abgestreift**

/ nicht abgestreift. Darunter ist eine neue Haut.

Die Gruppen der wirbellosen Tiere

1 Wozu gehört welches Tier? **Verbinde** das Tier mit seiner Gruppe.

Schnecke

| Weichtiere |

| Insekten |

Biene

| Tausendfüßer |

Steinläufer

Krabbe

| Spinnentiere |

Regenwurm

| Ringelwürmer |

Kreuzspinne

| Krebstiere |

2 Spinnen und Insekten unterscheiden sich in der Anzahl der Beine. **Fülle** die Lücken **aus**.

Insekten haben _____ Beine.

Spinnen haben _____ Beine.

Wie Wissenschaftler Tiere ordnen

1 **a)** **Beende** den Satz!

Alle Wirbeltiere haben eine _____.

2 **a)** **Benenne** die fünf **Wirbeltierklassen!** **Schreibe** zwei **Tierarten** aus dem Kasten zur richtigen Wirbeltierklasse!

_____ Beispiel: _____

_____ Beispiel: _____

_____ Beispiel: _____

_____ Beispiel: _____

_____ Beispiel: _____

Krähe • Forelle • Katze • Eidechse • Frosch

3 **a)** **Beschreibe** mindestens zwei **Merkmale** von **Vögeln!**

Vögel:

_____

_____

_____

b) **Beschreibe** mindestens zwei **Merkmale** von **Säugetieren!**

Säugetiere:

_____

_____

_____

Bedrohte Arten

1 Es gibt Tiere, die vom Aussterben bedroht sind. Das bedeutet, dass auch das letzte Tier dieser Art sterben kann. Diese Tiere stehen auf einer Roten Liste. **Kreise** drei Lebewesen **ein**, die auf der Roten Liste stehen.

Spatz · Schlüsselblume · Fischotter · Feuersalamander · Maus · Gras

Lebensräume in Gefahr

2 Menschen zerstören die Lebensräume von Tieren.
Nenne zwei Arten der Zerstörung.

_____

_____

Der Klimawandel

3 **Setze** die Wörter in die Lücken **ein**.

Naturkatastrophen · Holz · erwärmt · Erdöl · Klimawandel · Kohle

Wir verbrennen viel _____, _____ und _____, wenn wir heizen,

Auto fahren oder Energie gewinnen wollen.

Das Verbrennen setzt Gase frei. Die Gase verursachen den _____.

Die Gase führen dazu, dass sich die Erde _____. Es kommt dadurch zu

_____, zum Beispiel Überschwemmungen und Orkane.

Naturschutz: Unser Beitrag

4 **Nenne** zwei Möglichkeiten, wie du zum Naturschutz beitragen kannst.

_____

_____

Tag und Nacht

1 **Verbinde** die Sätze richtig **miteinander.**

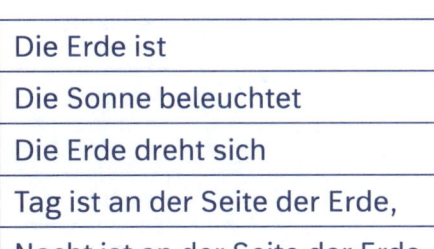

Die Erde ist
Die Sonne beleuchtet
Die Erde dreht sich
Tag ist an der Seite der Erde,
Nacht ist an der Seite der Erde,

die der Sonne zugewandt ist.
in 24 Stunden um sich selbst.
eine Kugel.
die der Sonne abgewandt ist.
die Erde.

Die Mondphasen

2 **a)** **Verbinde** die Sätze richtig **miteinander.**

Der Mond kreist
Der Mond erscheint am Himmel
Der Mond selber verändert
Der Mond ist
Der Mond wird

seine Form nicht.
ein beleuchteter Körper
um die Erde
wird von der Sonne beleuchtet.
in unterschiedlichen Formen.

b) **Beschrifte** die Mondphasen mit folgenden **Begriffen:**

> Sichelmond • Dreiviertelmond • Vollmond • erstes Viertel •
> Dreiviertelmond • Sichelmond • letztes Viertel • Neumond

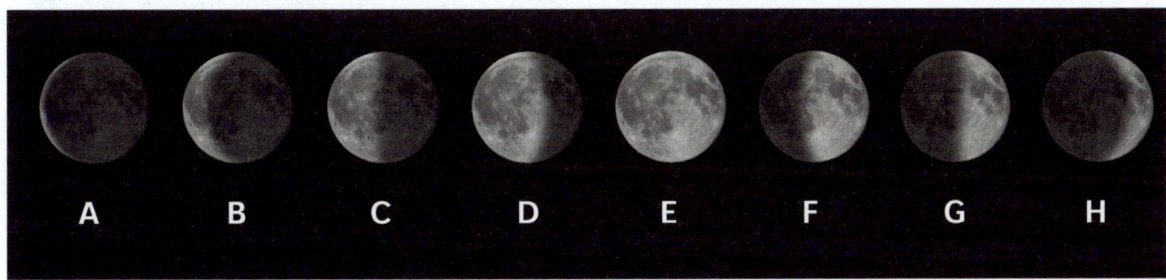

A B C D E F G H

A = _____   E = _____

B = _____   F = _____

C = _____   G = _____

D = _____   H = _____

Lange Tage und kurze Tage

1 **Tageslänge** und **Sonnenzeiten** verändern sich im Jahr.
Verbinde die Satzanfänge mit dem richtigen Ende.

Im Sommer sind die Tage

Im Sommer steht die Sonne

Im Winter sind die Tage

Im Winter steht die Sonne

kürzer.
länger.

höher.
tiefer.

kürzer.
länger.

höher.
tiefer.

Die Erde im Weltraum

2 **Schreibe** die Sätze zu Ende und **fülle** die Lücken **aus.**

Die Erde kreist _____.

Dafür braucht die Erde _____ Tage.

Die Sonne bescheint die Erde nicht immer _____.

So entstehen die _____.

Die Erde dreht sich _____.

Dafür braucht die Erde _____ Stunden.

So entstehen _____.

Am Tag wendet sich die Erde der Sonne _____.

In der Nacht wendet sich die Erde der Sonne _____.

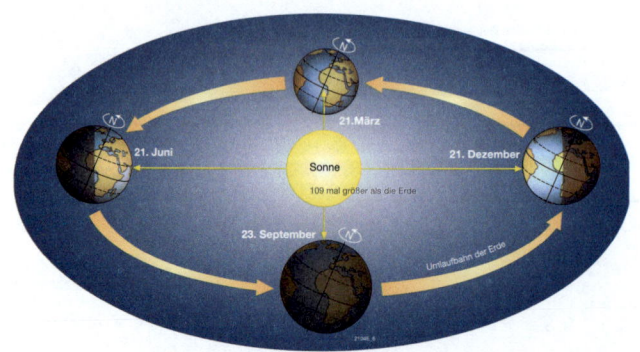

Blick ins Weltall

1 Mit dem Merksatz kannst du dir die Reihenfolge der Planeten merken. **Ordne** den **Anfangsbuchstaben** den Namen des **Planeten zu.**

Mein	M steht für	_____
Vater	V steht für	_____
erklärt	e steht für	_____
mir	m steht für	_____
jeden	j steht für	_____
Samstag	S steht für	_____
unseren	u steht für	_____
Nachthimmel	N steht für	_____

2 **Beschrifte die Planeten** auf der Abbildung.

2 Zwischen Sternen und Planeten gibt es einen Unterschied. **Streiche die falsche Aussage durch.**

Sterne sind **selbstleuchtende Körper / beleuchtete Körper.**

Planeten sind **selbstleuchtende Körper / beleuchtete Körper**

Die Zoom-Funktion hat Grenzen

1 Wissenschaftler benutzen keine üblichen Lupen oder die Zoom-Funktion des Handys, wenn sie sich Zellen angucken möchten. Sie benutzen ein Mikroskop. **Erkläre**, warum das so ist. Überlege, was ein Mikroskop kann.

_____

_____

Aufbau des Mikroskops

2 a) **Beschrifte** das Mikroskop mit den Fachbegriffen.

b) **Zeichne** den Weg des Lichts **ein**.

> **Feintrieb • Okular mit Linse • Grobtrieb • Objektiv mit Linse • Spiegel • Lichtquelle • Objektrevolver • Blende • Objekttisch mit Objektträger**

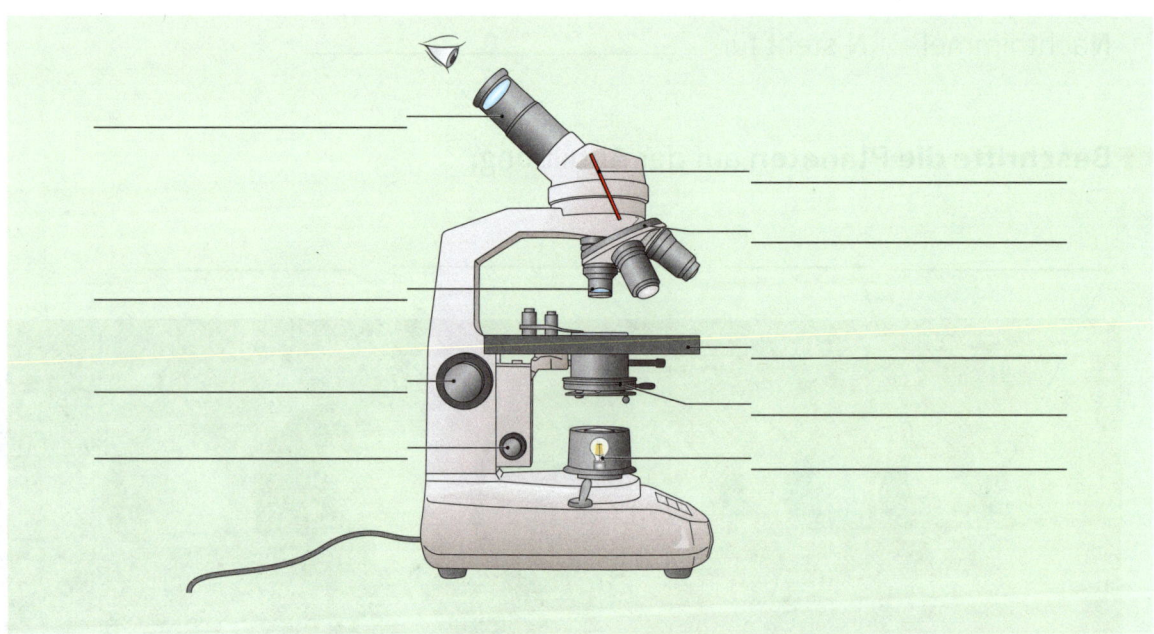

So funktioniert das Mikroskop

3 **Verbinde** die Fachbegriffe mit der Erklärung.

Objektiv	Feintrieb	Blende

vergrößert das Objekt	regelt die Helligkeit	stellt das Bild langsam scharf

Lebewesen bestehen aus Zellen

1 a) **Verbinde** die **Bestandteile** der **pflanzliche** Zelle mit ihrer **Funktion.**

Bestandteile der Zelle
Zellwand
Zellmembran
Zellplasma
Zellkern
Chloroplasten
Vakuole

Funktion
Ist die zähflüssige Grund-substanz in der Zelle.
Es sind grüne Körner in der Zelle. Sie geben der Zelle die Farbe. Mit Hilfe von Sonnenlicht stellen sie Traubenzucker her.
Das ist die Steuerzentrale der Zelle. Hier sitzt die Erbsubstanz.
Liegt an der Innenseite der Zellwand. Schützt die Zelle.
Ein Raum in der Zelle. Der Raum enthält Zellsaft. Es werden auch Zucker, Abfallstoffe und Farb-stoffe gespeichert.
Gibt der Zelle Festigkeit und bestimmt ihre Form.

b) **Verbinde** die **Bestandteile** der **tierischen** Zelle mit ihrer **Funktion**.

Bestandteile der Zelle
Zellmembran
Zellplasma
Zellkern

Funktion
Das ist die Steuerzentrale der Zelle. Hier sitzt die Erbsubstanz.
Gibt der Zelle Stabilität.
Befindet sich im Inneren der Zelle

2 Pflanzliche Zellen sind anders aufgebaut als tierische Zellen. **Fülle** den Lücken-text **aus**.

Eine tierische Zelle hat weniger Bestandteile als eine pflanzliche Zelle. Sie hat keine

_____, keine _____ und keine

_____.

Der _____ erfüllt die gleiche Aufgabe bei der tierischen und

der pflanzlichen Zelle.

»

Das benötigt die Pflanze zur Fotosynthese

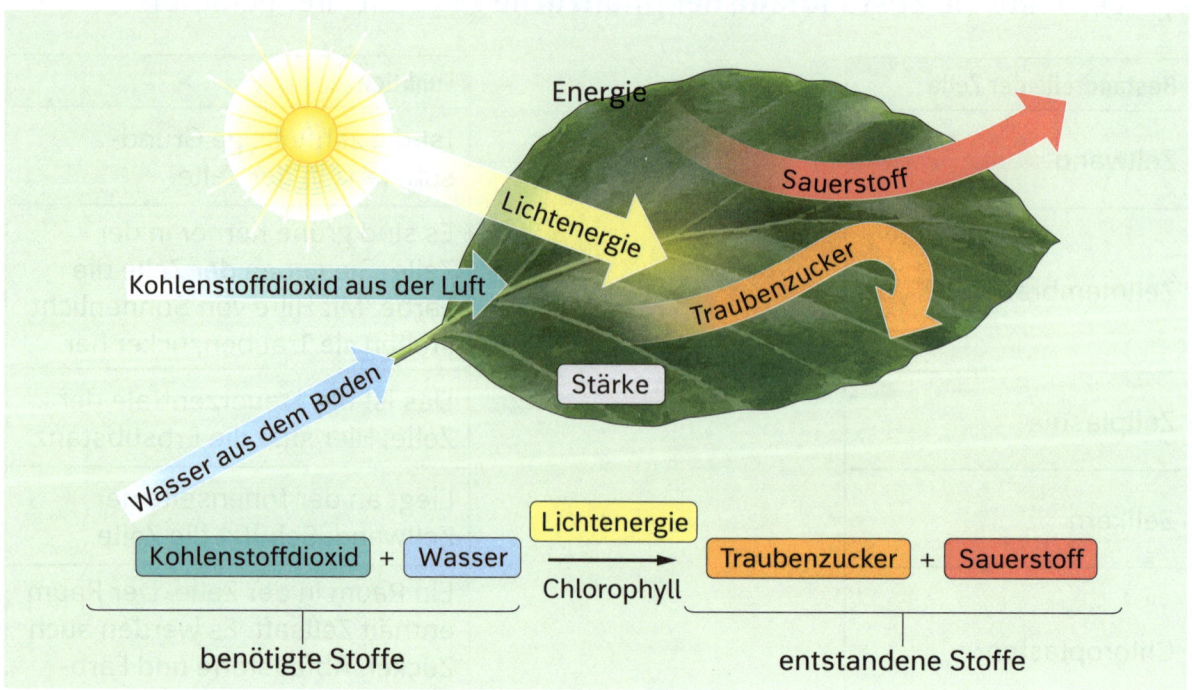

1 **Betrachte** die Abbildung. **Beantworte** die Fragen.
   a) Welche Stoffe benötigt die Pflanze für die Fotosynthese?

   _____

   b) Woher nimmt die Pflanze die Energie für die Fotosynthese?

   _____

   c) Welche Stoffe entstehen bei der Fotosynthese?

   _____

Der Ort der Fotosynthese
2 **Lies** im Schulbuch den Abschnitt „Ort der Fotosynthese".
   Beantworte die Fragen.
   a) Wo findet die Fotosynthese statt?

   _____

   b) Was ist im Blatt gespeichert?

   _____

   c) **Erkläre**, warum die Fotosynthese nur im **grünen Blatt** ablaufen kann.
      Starthilfe: **Überlege**, was im grünen Blatt gespeichert ist und wofür die
      Pflanze es braucht.

   _____

   _____

Ohne Licht entsteht kein Schatten

1 Ein Schatten ist sichtbar. Was braucht man dafür? **Kreuze an.**

☐ gutes Wetter

☐ Lichtquelle

☐ dunkles Licht

☐ Wand

☐ lichtundurchlässiger Körper

2 a) **Beschrifte** die Abbildung.

> **Lichtquelle • lichtundurchlässiger Körper • Schattenraum • Schattenbild • Wand • Randstrahlen**

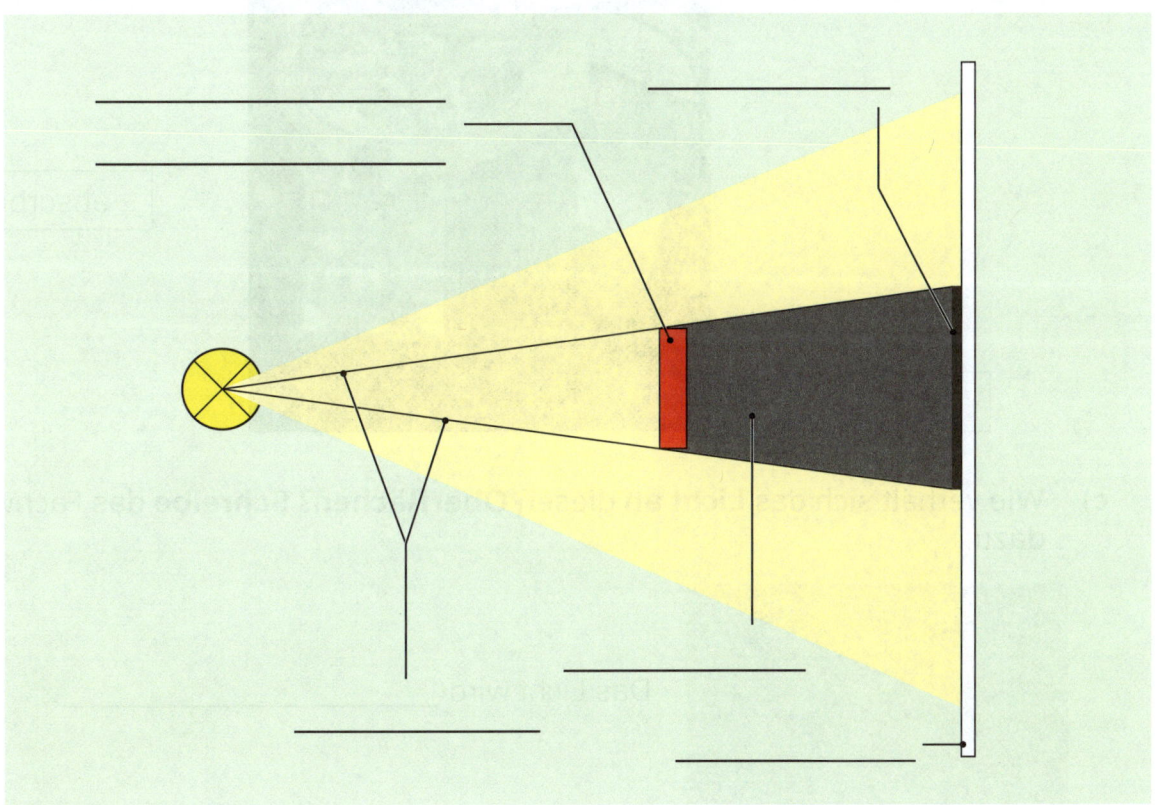

b) **Setze** die Fachbegriffe **ein.** Die Abbildung aus 2a hilft dir.

Fällt Licht auf einen lichtundurchlässigen Körper, entsteht dahinter der

_____ .

An der Wand bildet sich das _____ .

Das Schattenbild ist die Abbildung des Schattens.

Es wird durch die _____ begrenzt.

Licht breitet sich aus

1 a) **Verbinde** die Fachbegriffe mit der Erklärung.

Reflexion	Die Oberfläche ist dunkel und rau. Sie nimmt das Licht auf.
Streuung	Die Oberfläche ist glatt. Es wird viel Licht in deine Augen gelenkt.
Absorption	Die Oberfläche ist rau oder zerknittert. Das Licht wird in alle Richtungen gelenkt.

b) Auf dem Schulranzen gibt es Oberflächen, die Licht **reflektieren, streuen** und **absorbieren. Verbinde** die Oberfläche mit dem richtigen Begriff.

reflektiert

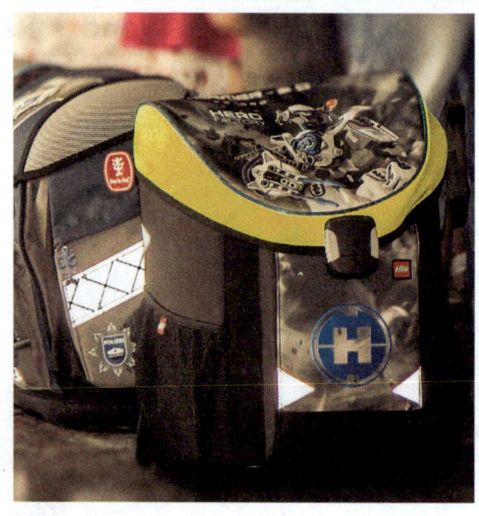

absorbiert

streut

c) Wie verhält sich das **Licht an** diesen **Oberflächen? Schreibe** das Fachwort dazu.

Das Licht wird _____ .

Das Licht wird _____ .

Das Licht wird _____ .

Wärme wird übertragen

1 **Verbinde** die Form der **Wärmeübertragung** mit den passenden **Beispielen**.

Wärmeübertragung
Wärmeleitung
Wärmeströmung
Wärmestrahlung

Beispiele
Heizung
Solaranlage
Gewächshaus
Kochtöpfe
Metallöfel im Tee
Kühlung beim Kühlschrank

2 Die **Sonne** überträgt Wärme auf unsere **Haut**. **Kreuze** die richtigen Aussagen **an**.

☐ Die Wärme wird über Wärmestrahlung übertragen.

☐ Die Wärme der Sonne wird ohne einen Stoff übertragen.

☐ Die Wärme wird über Wärmeströmung übertragen.

☐ Die Wärme der Sonne heißt infrarote Strahlung.

☐ Die Wärme der Sonne heißt Hitze.

Wärme wird gespeichert

3 Stoffe können die Wärme speichern. **Erkläre**, warum eine **Wärmflasche** mit **Wasser** befüllt wird. Benutze hierfür das Fachwort **Wärmespeicher**.

_____

_____

_____

_____

Wärmeleiter

4 Stoffe leiten die Wärme weiter. **Nenne** zwei **gute** und zwei **schlechte** **Wärmeleiter**.

gute Wärmeleiter: _____

schlechte Wärmeleiter: _____

»

Die Erdatmosphäre

1 **Verbinde** die Erklärung mit der passenden **Erdatmosphärenschicht**.

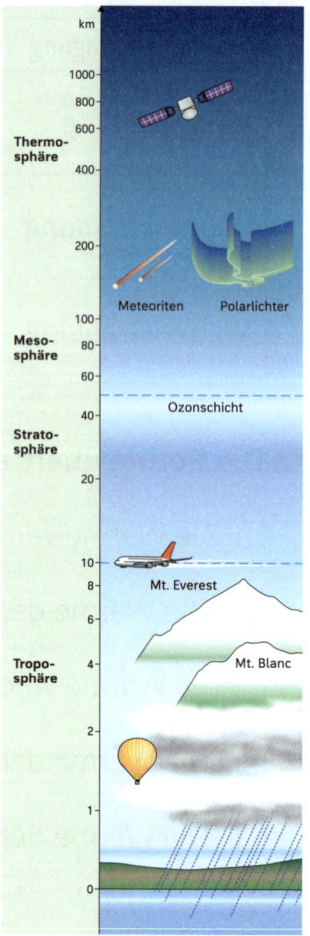

- leuchtende Nachtwolken
- 50-80 km Höhe

- Ozonschicht
- Flugzeuge fliegen dort
- 10-50 km Höhe

- Erdoberfläche
- Wettergeschehen
- bis 10 km Höhe

- Polarlichter
- hier verglühen Meteoriten
- 80 – 500 km Höhe

2 Die Atmosphäre ist wichtig für das Leben auf der Erde. **Kreuze** die Gründe **an**.

☐ ist eine Glaskugel ☐ schützt vor Kälte

☐ hält die Luft ☐ schützt vor Wärme

4 Die Erde ist vergleichbar mit einem Treibhaus. **Fülle** den Vergleich **aus**.

> **Treibhauseffekt • Erde • Erde • Boden • Atmosphäre • Atmosphäre**

Die Glaswände eines Treibhauses sind die _____.

Der Boden des Treibhauses ist die _____ . Die Sonne

erwärmt den _____ und die _____.

Das Glas lässt nur einen Teil der Wärme wieder raus. Genauso lässt die

_____ nur einen Teil der Sonnenwärme ins Weltalls zurück.

Auf der Erde bleibt es warm. Das nennt man den _____.

Ein See im Winter

1 **Beschreibe, wo** sich das **feste** Wasser im Becherglas befindet und wo das **flüssige** Wasser.

_____

_____

Temperaturen im zugefrorenen See

2 Betrachte die Abbildung. **Beschreibe, wo** der See **gefroren** ist und **wie warm** es an welcher Stelle ist.

_____

_____

_____

_____

Leben unter dem Eis

3 Wasser ist bei 0 Grad leichter als bei 4 Grad. Das nennt man die Anomalie des Wassers. Wärmeres, schweres Wasser sinkt deswegen im See nach unten. Betrachte die obige Abbildung.
Erkläre, warum Fische im Winter im See **überleben**.

_____

_____

_____

_____

Menschen nutzen die Luft

❶ Wie wird Luft genutzt? Führe die **Mindmap** weiter aus.

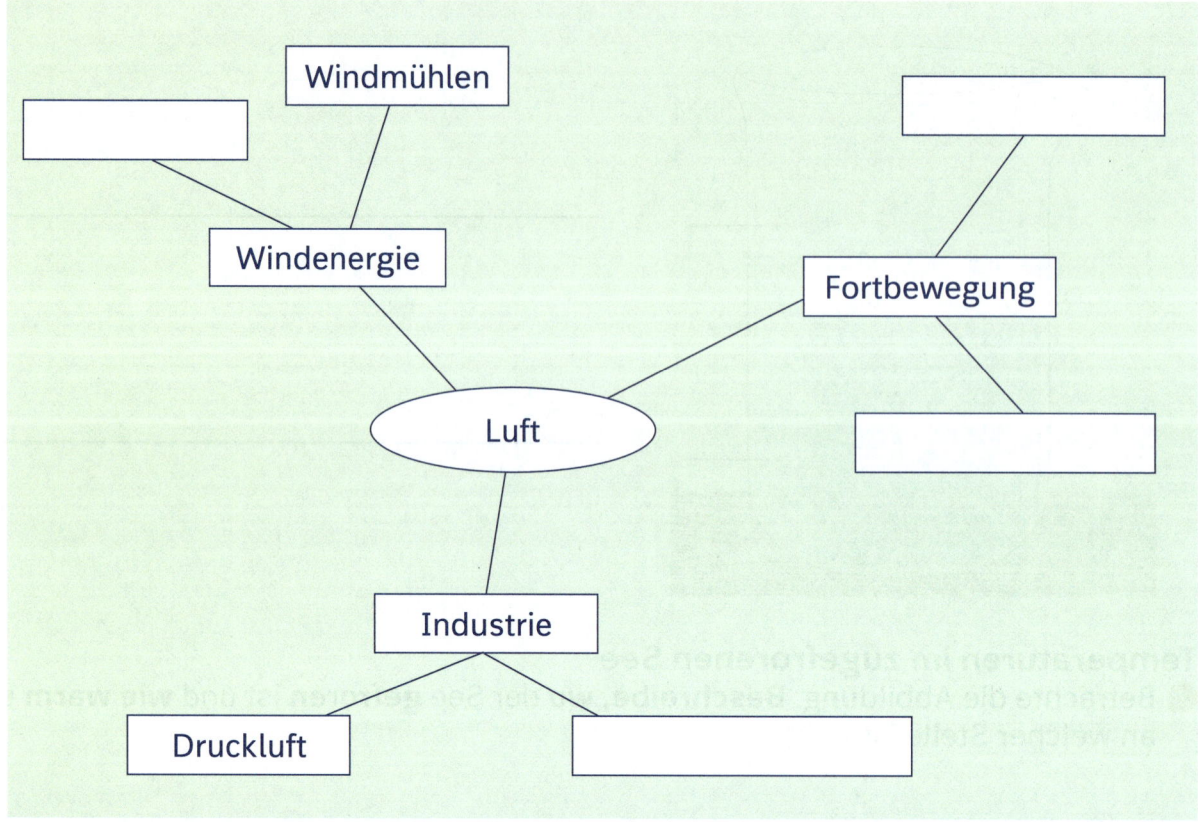

❷ **Windkraftanlagen** wandeln Bewegungsenergie in elektrische Energie um.
Nummeriere in der richtigen **Reihenfolge.**

Nr.	
	Die Rotorblätter rotieren durch den Wind.
	Der Generator wandelt die Bewegungsenergie des Windes in elektrische Energie um.
1	Der Wind treibt die Windräder an.
	Die Rotorblätter treiben einen Generator an

❸ Die Menschen nutzen die **Luft als „Mülleimer".**
Beschreibe, was damit gemeint ist. Die Stichwörter helfen dir.

Abgase • Autos • Heizungen • Verbrennungsanlagen

_____

_____

_____

_____

_____

Die Luft und ihre Bestandteile

1 **Kreise** die Bestandteile der Luft **ein.**

Stickstoff   Sauerstoff   Chlorwasserstoff

Schwefelstoffdioxid   Kohlenstoffdioxid

2 Fülle den **Steckbrief** für einen **Stoff der Luft** aus.

Name: _____

Aggregatzustand: _____

Farbe: _____

Geruch: _____

Brennbarkeit: _____

_____

Chemisches Symbol: _____

Luft ist nicht gleich Luft

3 Die Zusammensetzung der Luft ist nicht immer gleich. **Kreuze an.**

In der Luft ist ...	Wald	Großstadt	Land
... mehr Kohlenstoffdioxid			
... weniger Kohlenstoffdioxid			
... mehr Sauerstoff			
... weniger Sauerstoff			

Vom Urzeit-Meer in den Autotank

1 **Verbinde** die **Kästen** mit dem **richtigen Bild.** Zu jedem **Bild** gibt es **zwei Kästen.**

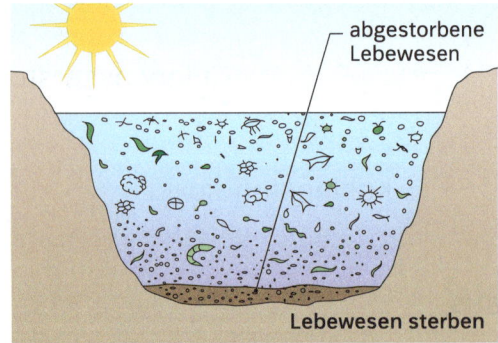

Sonne scheint auf das Meer. Pflanzen nehmen die Energie der Sonne auf.

Die Tierreste werden mit Erdschichten bedeckt.

Erdöl und Erdgas nennt man fossile Energieträger.

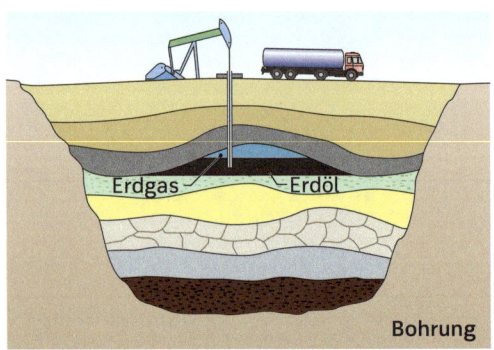

Tiere im Meer fressen die Pflanzen. Sie sterben und sinken zu Boden. In den toten Tieren ist immer noch die Sonnenenergie.

Aus den Tierresten sind nach vielen Millionen Jahren Erdöl und Erdgas entstanden.

Es herrscht hoher Druck und eine hohe Temperatur.

Strom und Wärme direkt aus Sonnenlicht

2 Fossile Energieträger wird es bald nicht mehr geben. Sonnenenergie gibt es noch viele Milliarden Jahre.
Wie nutzen wir Sonnenenergie? **Schreibe** den **Fachbegriff** unter das **Bild.**

_____   _____

Bewegung hat viele Formen

1 **Schreibe** unter die Bilder die passende **Bewegungsform.**

> **geradlinige Bewegung • kreisförmige Bewegung • schwingende Bewegung**

_____ _____ _____ _____

_____ _____ _____ _____

2 **Verbinde** die Körper mit der **Antriebskraft**. Überlege dir zwei eigene Beispiele. **Trage** sie in die Tabelle **ein**. **Verbinde** sie mit der **Antriebskraft**.

Gegenstand
rollender Fußball
gleitender Papierflieger
flatternde Fahne
rollendes Motorrad
wehendes Blatt

Antriebskraft
Muskelkraft
Windkraft
Motorkraft

3 Beim Fahrradfahren wirkt eine Gegenkraft auf die Räder. Die Gegenkraft heißt Reibung. Die Räder reiben auf dem Untergrund. **Kreuze an**, ob das Radfahren auf einer **Straße** oder einem **sandigen Untergrund** anstrengender ist. **Überlege**, wo die Reibung größer ist.

☐ auf der Straße

☐ auf sandigem Untergrund

Schwimmen, steigen, schweben, sinken

1 Schwimmen, schweben oder sinken? **Streiche** die falsche Aussage **durch**.

Ein beliebiger Körper schwimmt in Wasser, wenn die Dichte des Körper **geringer / größer / gleich groß** ist, als die Dichte des Wassers.

Ein beliebiger Körper sinkt in Wasser, wenn die Dichte des Körper **geringer / größer / gleich groß** ist, als die Dichte des Wassers.

Ein beliebiger Körper schwebt in Wasser, wenn die Dichte des Körper **geringer / größer / gleich groß** ist, als die Dichte des Wassers.

2 Die Dichte eines Körpers kann man berechnen. Die Masse wird durch das Volumen des Körpers geteilt. **Trage** die Begriffe **in die Formel ein.**

Formel zur Berechnung der Dichte:

Dichte = _____ : _____

3 Schiffe können schwimmen, obwohl sie viel schwerer sind als Wasser.
Kreuze den Grund dafür **an**.

☐ Das Schiff wird mit einem Motor oben gehalten.

☐ Schiffe sind leichter als Wasser.

☐ Das Volumen ist so groß, dass die Dichte kleiner ist als das Wasser.

4 Auf den Abbildungen siehst du Würfel mit verschiedenen Materialien oder Flüssigkeiten. Die Waage zeigt die Dichte an.
Kreuze an, welcher Würfel in Wasser **schwebt**, **sinkt** oder **schwimmt**.

Wasser	Cola:	Kork:	Stein:
10 g	10 g	5 g	20 g

	Cola:	Kork:	Stein:
	☐ schwebt	☐ schwebt	☐ schwebt
	☐ sinkt	☐ sinkt	☐ sinkt
	☐ schwimmt	☐ schwimmt	☐ schwimmt

Der Körperbau der Fische

1 **Beschrifte** den Fisch! Schreibe die **Begriffe** auf die Linien!

> **Brustflosse • Kiemendeckel • Maul • Auge • Seitenlinienorgan**
> **Bauchflosse • Schuppen • Nasengrube • Afterflosse**
> **Schwanzflosse • Rückenflosse • After**

2 **Verbinde** die **Flosse** mit ihrer **Funktion.**

Flosse		Funktion
Schwanzflosse		Sie verhindern das Umkippen der Fische.
Rückenflosse und Afterflosse		Vorwärtsbewegung
Bauchflossen und Brustflossen		Damit bremsen und lenken die Fische

3 **Erkläre, warum** die Fische ihr Maul ständig öffnen und schließen.
Diese **Begriffe** helfen dir: Atmung – Kiemen

_____

_____

Luft bremst

1 a) Hat der Körper einen großen oder kleinen **Luftwiderstand? Kreuze an.**

| ☐ Luftwiderstand klein | ☐ Luftwiderstand klein | ☐ Luftwiderstand klein | ☐ Luftwiderstand klein |
| ☐ Luftwiderstand groß | ☐ Luftwiderstand groß | ☐ Luftwiderstand groß | ☐ Luftwiderstand groß |

b) Betrachte die Abbildungen aus 1a. **Wodurch** konnte der **Luftwiderstand verringert** werden. **Beschreibe.**

_____

_____

2 Der Löwenzahn und der Ahorn nutzen bei ihrer Verbreitung des Samens den Luftwiderstand. **Beschreibe**, wie sie das tun. **Nutze** die **Begriffe** im Kasten.

> **Samen wie Schirm oder kreiselnder Propeller •**
> **vergrößert Luftwiderstand • länger in der Luft**

_____

_____

_____

_____

3 Für die Pflanze ist es gut, wenn der Samen lange in der Luft bleibt. **Kreuze** den Grund **an**.

☐ Der Samen nimmt in der Zeit Nährstoffe auf.

☐ Der Samen wird über ein weites Gebiet verteilt. Die Pflanze verbreitet sich.

☐ Die Luft hält den Samen lange frisch.

Graugänse sind gute Flieger

1 Vögel haben besondere Merkmale. **Kreuze an**.

☐ Sie haben Federn.

☐ Sie sind Säugetiere.

☐ Sie haben keine Zähne und leichte Knochen.

☐ Sie bringen lebende Junge zur Welt.

☐ Sie legen Eier.

Verschiedene Federn

2 **Verbinde** die **Kästen** dem richtigen **Federtyp**.

| Deckfeder | Daunenfeder | Schwungfeder | Steuerfeder |

| halten den Vogel warm | sind für den Flug wichtig | bedecken den Körper | damit steuert der Vogel |

Das Vogelskelett

3 Vögel sind ans Fliegen angepasst. **Schreibe** zwei Sätze, **warum** ihr Skelett fürs Fliegen geeignet ist.
Die **Stichworte** helfen dir.

Körper stabil • Wirbelsäule wenig beweglich

_____

_____

Knochen • Hohlräume • leicht

_____

_____

Bionik

1 Was bedeutet Bionik? **Kreuze an.**

☐ Bionik kommt von dem Wort Biene. Es ist die Wissenschaft der Bienen.

☐ Bionik ist die Erfindung biologischer Spielzeuge.

☐ In der Bionik werden besondere Eigenschaften der Natur auf technische Geräte übertragen.

3 Die Menschen haben sich Eigenschaften aus der Natur abgeschaut.
Verbinde die E**igenschaft aus der Natur** mit dem Beispiel.

Eigenschaft in der Natur
Klettpflanzen hängen sich an Tiere.
Die Augen einer Katze sind im Dunkeln zu sehen.
Ein Vögel gleitet mit ausgebreiteten Flügeln durch die Luft.
Ein Löwenzahnsamen fliegt durch die Luft.

Beispiel aus der Technik
Speicherreflektoren beim Fahrrad
Flugzeug
Fallschirm
Klettverschluss

3 Die Bilder zeigen die Verwendung von Klettverschlüssen und Reflektoren.
Beschreibe die **Verwendung**. Kennst du noch mehr **Beispiele**? **Schreibe** sie **auf**.

_____

_____

_____

_____

3 **Verbinde** die Gegenstände mit der **Eigenschaft aus der Natur**.

Der Mensch im Überblick

1 **Anatomie,** was ist das? **Kreuze** die richtige **Erklärung an.**

☐ Anatomie ist der Aufbau des Körpers.

☐ Anatomie ist der Aufbau der Muskeln.

☐ Anatomie ist die Wissenschaft über den Menschen.

2 **a)** **Betrachte** die Abbildung. **Schreibe** die **anatomischen Bezeichnungen** auf die Linien.

> **Blutgefäße und Nervenbahnen • Skelett • Haut • Muskeln, Bänder und Sehnen**

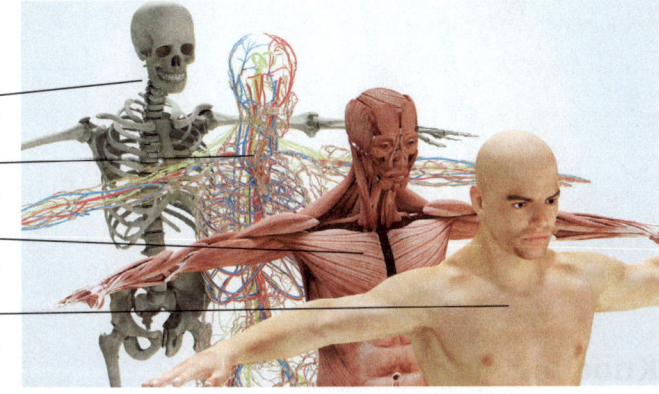

_____

_____

_____

_____

b) **Verbinde** die anatomischen Teile mit ihrer Aufgabe.

Körperteil		Aufgabe
die Haut		leiten Informationen weiter
die Muskeln, Bänder und Sehnen		stützt den Körper, aufrechtes Stehen
die Blutgefäße.		Schutz, Grenze zur Außenwelt
die Nervenbahnen		Bewegung
das Skelett		Versorgung mit Nährstoffen und Sauerstoff

3 **Erkläre** mit den Begriffen im Kasten, wozu das **Gehirn** benötigt wird.

_____

_____

_____

_____

> • **Steuerzentrale für alle Vorgänge**
> • **Reize weiterleiten**
> • **z. B. Bewegung, Denken**

»

Das Skelett stützt und schützt

1 a) **Trage** die **Knochen** für jeden Bereich des Skeletts **ein**. In der Abbildung hat jeder Bereich eine **Farbe**.

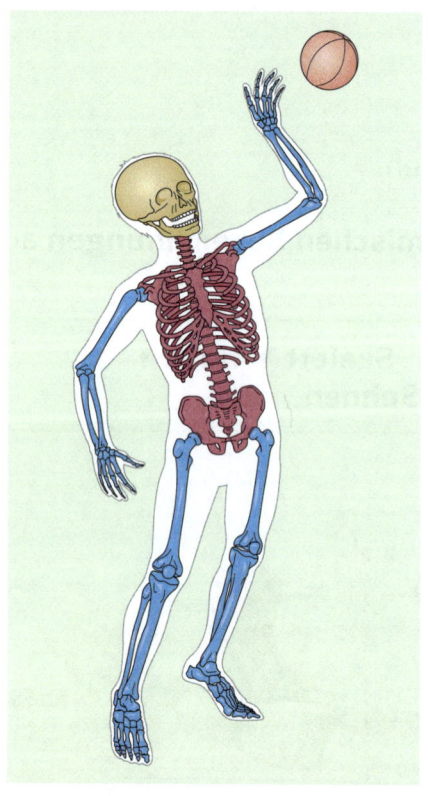

Skelettbereich	Knochen
Rumpfskelett	
Gliedmaßenskelett	
Schädel	

Knochen sind sehr stabil

2 a) **Setze** die **Begriffe** aus dem Kasten **ein**.

Knorpel • Kalk

Knochen sind gleichzeitig biegsam

und fest. Sie sind besonders gebaut.

Damit sie fest sind, enthalten Kno-

chen _____. Damit sie

biegsam sind, enthalten Knochen

_____.

b) Beschrifte die Abbildung.

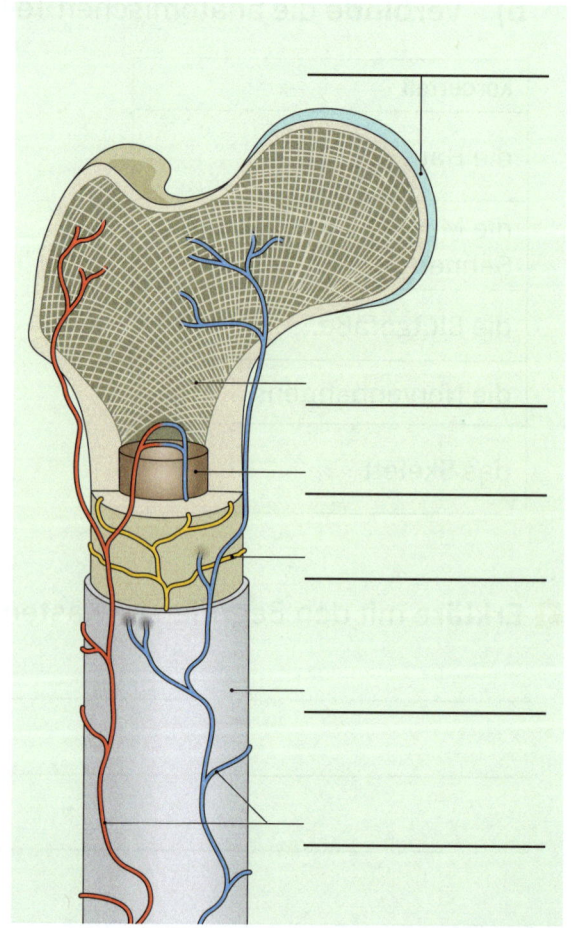

Bestandteile der Wirbelsäule

1 Die wichtigsten Bestandteile der Wirbelsäule sind die **Wirbel**, die **Bandscheiben** und das **Rückenmark**.

a) **Beschrifte** die Abbildung mit den drei wichtigsten Bestandteilen der Wirbelsäule.

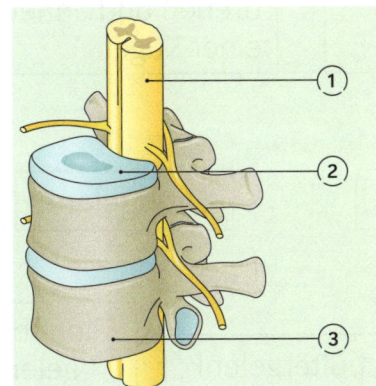

① _____

② _____

③ _____

b) **Schreibe** zu jedem Bestandteil der Wirbelsäule einen **Satz** zur **Funktion**. Die Stichwörter helfen dir.

> **Wirbel • stabil • umschließt • Wirbelkanal**

_____

_____

> **Rückenmark • wichtiger Nervenstrang •**
> **verbindet Gehirn mit Körper • steuert Bewegung**

_____

_____

> **Bandscheiben • elastische Knorpel • ermöglichen Bewegung**

_____

_____

Belastungen der Wirbelsäule

2 Die Bandscheiben können bei falscher Belastung verrutschen. Das ist sehr schmerzhaft.
Kreuze an, **womit** du einen Schaden der Wirbelsäule **vorbeugen** kannst.

☐ Den Rücken möglichst schonen, viel liegen und sitzen.

☐ Lange Spaziergänge und Sport.

»

Bewegliche Verbindungen

1 **Verbinde** die **Gelenktypen** mit ihrer **Beweglichkeitsart** und einem **Beispiel**.

Das Gelenk lässt sich (wie ein Türscharnier) in eine Richtung bewegen.	Das Gelenk lässt sich nach rechts und links drehen.	Das Gelenk lässt sich in alle Richtungen drehen und ähnelt einer Kugel.

Kugelgelenk	Scharniergelenk	Drehgelenk

Kniegelenk	Hüftgelenk	Halswirbel	Schultergelenk	Ellenbogen-gelenk

Aufbau eines Gelenks

2 **a)** **Beschrifte** die Abbildung mit den **Begriffen** aus dem Kasten.

> Gelenkpfanne • Gelenkknorpel • Gelenkkapsel •
> Gelenkschmiere • Gelenkkopf • Gelenkspalt

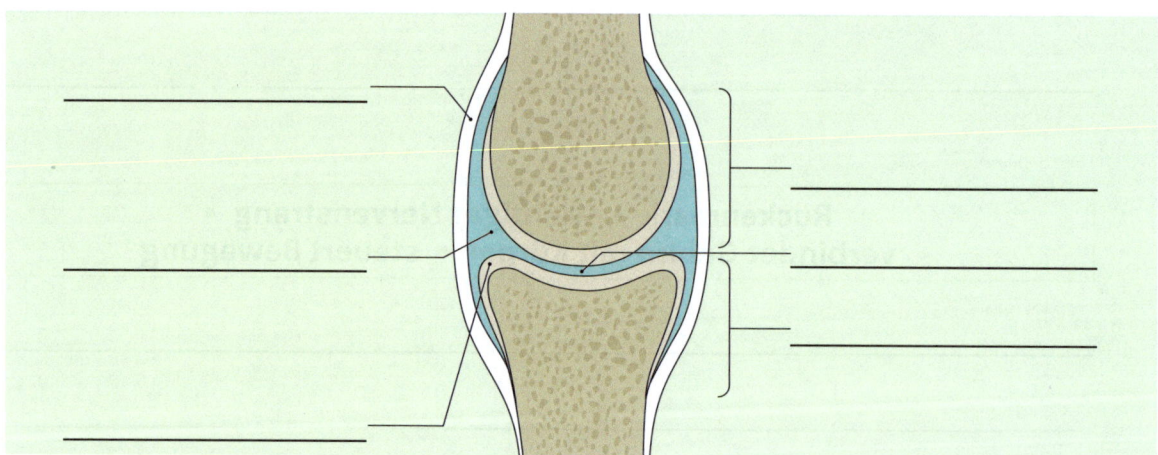

b) **Verbinde** die **Bestandteile** des Gelenks mit ihrer **Funktion**.

Bestandteil
Gelenkkopf
Gelenkpfanne
Gelenkschmiere
Gelenkknorpel
Gelenkkapsel

Funktion
wirkt als Gleitmittel zwischen den Knochen
federt Stöße zwischen den Knochen ab
umschließt das Gelenk und hält es zusammen
bildet die Vertiefung für den Gelenkkopf
sitzt beweglich in der Gelenkpfanne

Funktion und Bau der Muskeln

1 **Beschrifte** die Abbildung.

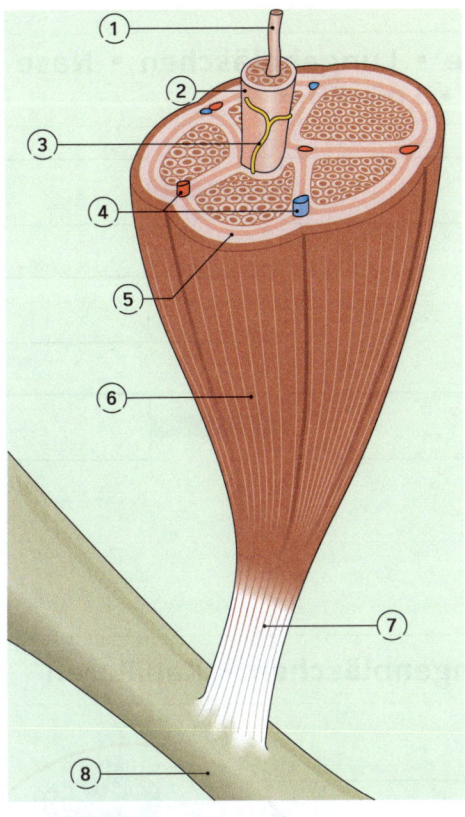

Sehne • Muskelhaut • Muskelfaser • Knochen • Nerv • Muskelfaserbündel • Blutgefäße • Muskelhaut

① _____

② _____

③ _____

④ _____

⑤ _____

⑥ _____

⑦ _____

⑧ _____

2 **a) Ordne** die **Funktion** den **Teilen** eines Muskels **zu**.

Funktion
erzeugen Kraft
steuern die Bewegung
übertragen die Kraft auf den Knochen
versorgen die Muskelfasern mit Traubenzucker und Sauerstoff

Teil eines Muskels
Sehne
Nerven
Blutgefäße
Muskelfaser

b) Streiche die falschen blauen Begriffe **durch**.

Zwei gegenüberliegende Muskeln arbeiten zusammen. Man nennt sie **Gegenspieler / Mitspieler.** Wenn sich der eine Muskel beugt, dann **beugt / streckt** sich sein Gegenspieler. Ein Muskel kann sich nur alleine beugen. Er kann sich nicht alleine **beugen / strecken.** Hierfür braucht er seinen **Gegenspieler / Mitspieler.** Die beiden gegenüberliegenden Muskeln heißen Beugemuskel und Streckmuskel.

Der Weg der Atemluft

1 Schreibe in das Flussdiagramm den Weg der Atemluft.
Alle Begriffe müssen eingetragen werden.

> **Bronchien • Nase • Luftröhre • Lunge • Lungenbläschen • Nase • Lunge • Bronchien • Luftröhre**

In den Lungenbläschen

2 a) Beschrifte die Abbildung.

> **Lungenflügel • Bronchien • Lungenbläschen • Kapillaren**

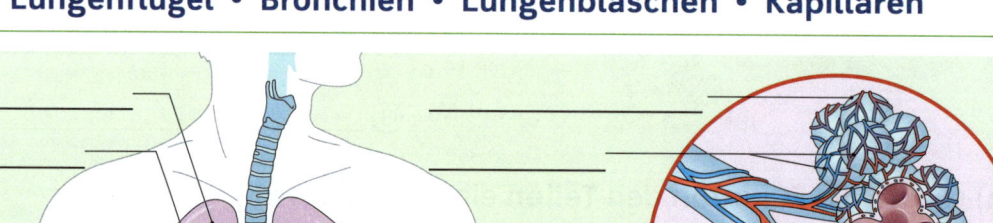

b) Setze die Begriffe in den Lückentext ein.

> **Kohlenstoffdioxid • Sauerstoff • Gasaustausch • Leben • Kapillare • Lungenbläschen**

Die Lungenbläschen sind von kleinen Blutgefäßen umgeben. Sie heißen

_____. Hier gelangt der _____ aus den Lungenbläschen

über die Kapillare ins Blut. Der Körper braucht den Sauerstoff zum _____.

Der Körper verbraucht den eingeatmeten Sauerstoff. Das Produkt was übrig bleibt

heißt _____. Kohlenstoffdioxid wird im Blut wieder zurück zu

den Kapillaren transportiert. Dort wird es in die _____ abgeben

und ausgeatmet. Den Vorgang nennt man _____.

Das Blut hat viele Funktionen

1 **a)** **Kreise** die Funktionen des Blutes **ein**.

Abwehr von Krankheitserregern	transportiert Stoffe
hält uns wach	lässt uns wachsen

Bestandteile des Blutes

b) **Verbinde** die **Bestandteile** des **Blutes** mit ihrer **Funktion**.

Blutplasma

rote Blutkörperchen

weiße Blutkörperchen

Blutplättchen

- bekämpfen Fremdkörper und Krankheitserreger

- verschließen eine Wunde
- sammeln sich an den Wundrändern

- flüssiger Bestandteil, hautsächlich Wasser
- transportiert Nährstoffe zu den Organen
- Abfallstoffe werden abtransportiert

- fester Bestandteil
- transportieren Sauerstoff aus der Lunge zu den Organen

c) **Beschrifte** die Abbildung.

rote Blutkörperchen • Blutplättchen • weiße Blutkörperchen

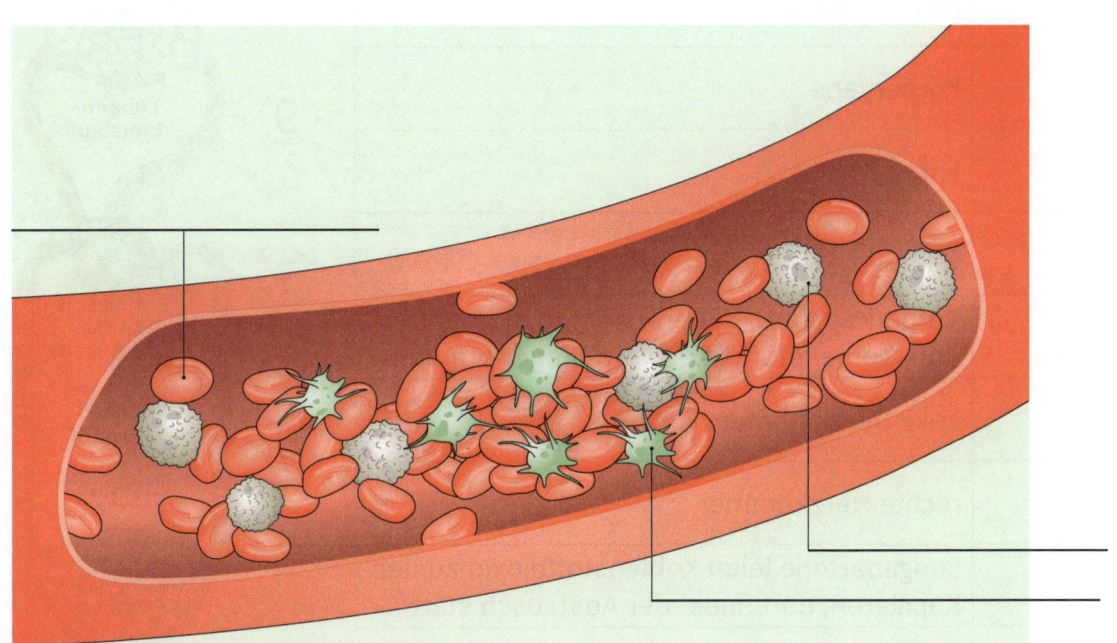

Arterie, Vene, Kapillare

1 Verbinde die Fachbegriffe mit ihrer Bedeutung.

Arterie	Vene	Kapillare

Blutgefäße, die das Blut zum Herzen hinleiten	hier findet der Stoff-austausch zwischen Blut und Organen statt	Blutgefäße, die das Blut vom Herzen wegleiten

Die Arbeitsweise des Herzens

2 Beschrifte die Abbildung.

> Arterie • Vene • linker Vorhof • rechter Vorhof • linke Herzkammer • rechte Herzkammer

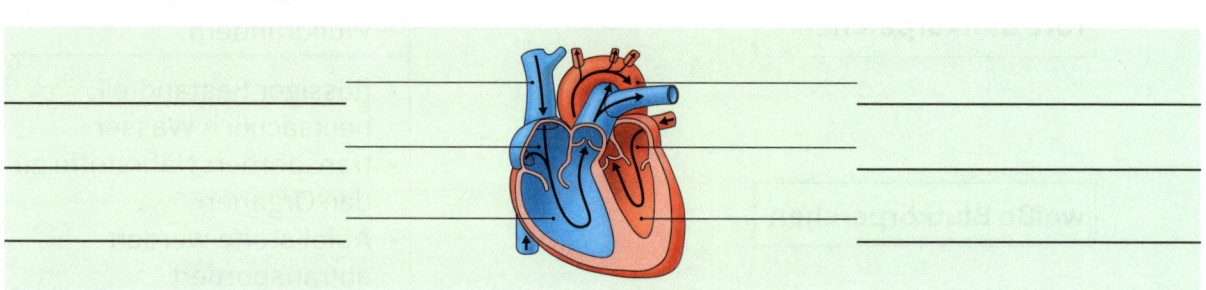

Der Körper- und Lungenkreislauf

3 Betrachte die Abbildung. Das Blut fließt im Kreislauf durch den Körper. Nummeriere in der richtigen Reihenfolge.

Nummer	Blutkreislauf
1	Lungenkapillare geben den Sauerstoff im Blut weiter an die Lungenvene
	rechter Vorhof
	Körpervene
	linker Vorhof
	Körperarterie
	Körperkapillare, Sauerstoff wird abgegeben und, Kohlenstoffdioxid wird aufgenommen
	linke Herzkammer
	rechte Herzkammer
	Lungenarterie leitet Kohlenstoffdioxid zu den Kapillaren, dort findet der Austausch statt

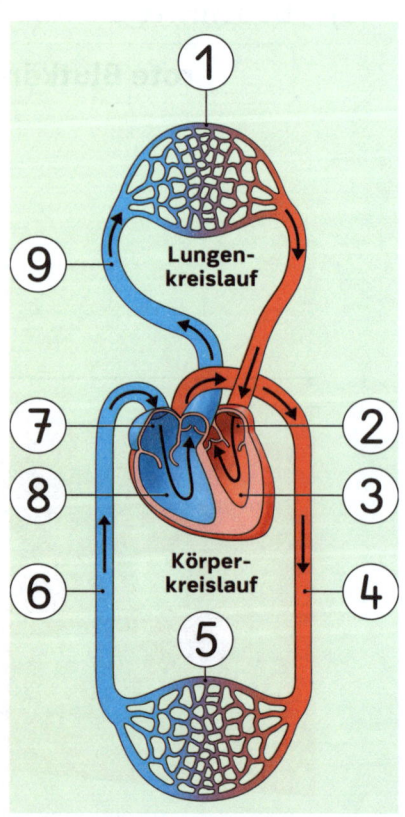

Nahrung ermöglicht Leben

1 a) **Ordne** die Lebensmittel den Nährstoffen **zu**.

> Öl • Fisch • Butter • Nudeln • Milch • Bohnen • Kartoffeln • Wurst • Fleisch • Früchte

Fette	Kohlenhydrate	Eiweiße

b) **Verbinde** die **Nährstoffe** mit ihrer **Funktion** für unseren Körper.

Nährstoffe
Fette
Kohlenhydrate
Eiweiße

Funktion
versorgen den Körper mit Energie
werden zum Wachstum und zur Erneuerung der Zellen gebraucht
liefern Energie, sind Baustoffe für den Körper

Vitamine, Mineralstoffe, Ballaststoffe

2 **Schreibe** zu jedem Nährstoff mindestens einen Satz. Die **Stichwörter** helfen dir.

> **Vitamine**   unverzichtbar • kleine Mengen gebraucht • 13

_____

_____

> **Mineralstoffe**   **Magnesium** • **Calcium** • **Aufbau und Bewegung**

_____

_____

> **Ballaststoffe**   **Gefühl von satt** • **fördern Verdauung**

_____

_____

Energie zum Leben

1 **Trage** die Erklärung in das Schaubild **ein**.

> **Umsatz in Bewegung • Umsatz in Ruhephasen •
> Leistungsumsatz und Grundumsatz zusammen**

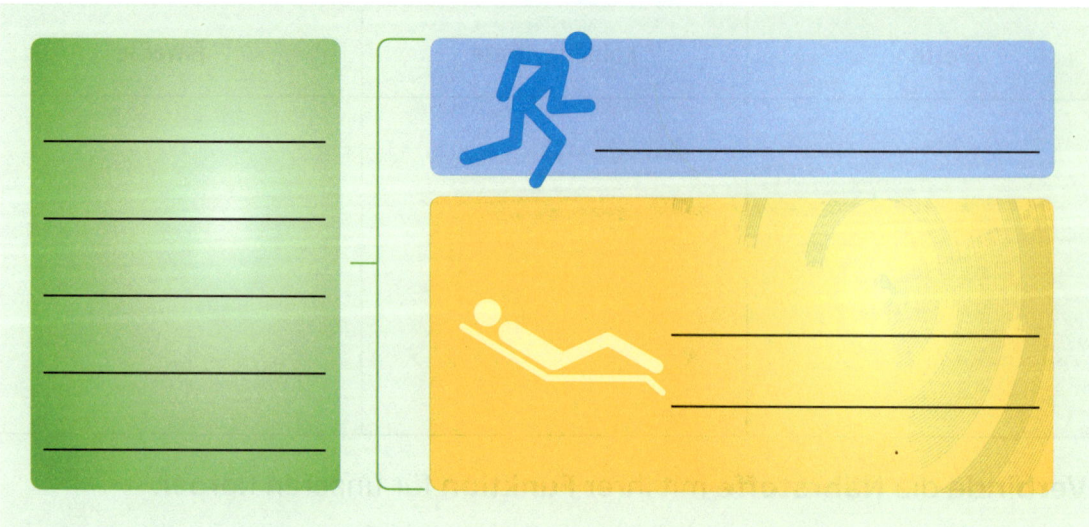

Die Ernährungspyramide

2 **a)** **Nenne** drei **Lebensmittel** aus jeder Ebene der **Ernährungspyramide**.
Ungesüßte Getränke

_____

Gemüse, Obst

_____

Getreideprodukte, Kartoffeln, Hülsenfrüchte

_____

Milchprodukte, Eier, Fleisch, Fisch

_____

Süßigkeiten, süße Getränke, tierische Fette

_____

b) **Nenne** zwei **Lebensmittel**, die du magst. Sie müssen **gesund** sein. Du
darfst davon viel essen.

_____

c) **Nenne** ein **Getränk**, dass du magst. Es muss **gesund** sein. Du darfst davon
viel trinken.

_____

An der Verdauung beteiligte Organe

1 a) Nummeriere den Weg der Nahrung in der richtigen Reihenfolge.

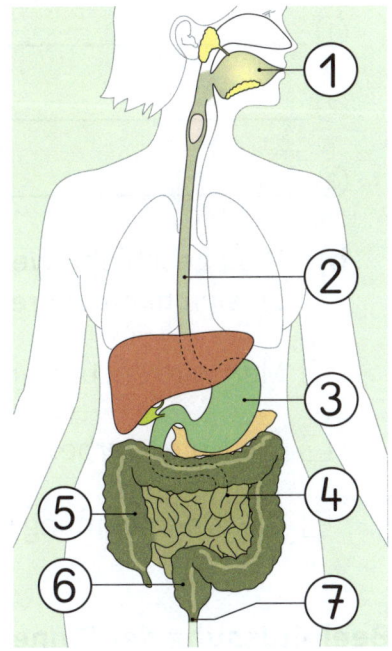

Nummer	Nahrungsweg
1	Mund, Zähne, Speichel
	Dünndarm mit Saft der Bauchspeicheldrüse
	Dickdarm
	Magen mit Magensäure
	After
	Enddarm
	Speiseröhre

b) Verbinde die Aussagen mit dem Verdauungsorgan.

Magen mit Magensäure
After
Dünndarm
Mund

Nahrung wird zerkleinert und mit Speichel gemischt
Nährstoffe gelangen ins Blut
spaltet Eiweiße tötet Krankheisterreger ab
Kot wird ausgeschieden

c) Verbinde die Funktion der Därme mit dem Fachwort.

Dünndarm	Dickdarm	Enddarm

• stark eingedickte Rest des Nahrungsbreis wird als Kot ausgeschieden	• hat viele Falten, dadurch große Fläche • kann durch die große Fläche viele Nährstoffe aufnehmen und ans Blut abgeben	• Nahrungsbrei werden Wasser und Mineralstoffe entzogen • Körper bekommt Wasser und Salze zurück

Genuss oder Sucht?

1 **a)** Nenne drei Gründe, warum Menschen Drogen nehmen.

① _____

② _____

③ _____

b) Was geschieht, wenn man regelmäßig Drogen zu sich nimmt? Kreuze an.

☐ Man wird süchtig und kann nicht aufhören.

☐ Die Noten verbessern sich.

☐ Die Wahrnehmung verändert sich.

Beeinflussung der Sinne

2 Alkohol verändert die Sinneswahrnehmung, wie zum Beispiel den Gleichgewichtssinn oder den Tastsinn. Schreibe auf, welche Sinneswahrnehmung in den Beispielen jeweils vom Alkoholeinfluss betroffen ist.

Beeinflussung durch Alkohol	Sinneswahrnehmung
Tunnelblick	
Probleme beim Laufen	
veränderter Geschmack	
geringes Schmerzempfinden	

Drogen wirken auf das Gehirn

3 Drogen wirken unterschiedlich auf das Gehirn ein. Vervollständige die Sätze mithilfe der Stichwörter.

> **Wahrnehmung • Entspannung • verändern • Wirklichkeit • sorgen • vergessen lassen • Belohnungssystem • wiederholen**

Drogen können für _____ _____.

Drogen können die _____ _____.

Drogen können die _____ _____ _____.

Drogen wirken auf das _____.

Dadurch entsteht das Bedürfnis, das Erlebnis zu _____.

Eine turbulente Zeit

1 Die Pubertät ist eine turbulente Zeit. Warum?
Kreuze an.

☐ Man hat weniger Hobbies.

☐ Die Gefühle sind durcheinander.

☐ Man langweilt sich.

☐ Man hat seine eigene Meinung und will sich nichts
sagen lassen.

Chemie im Blut

2 Wie nennt man die Stoffe, die im Gehirn alles verändern?

_____

Der Körper entwickelt sich

3 a)   Nenne drei körperliche Veränderungen in der Pubertät aus dem Text.

1. _____

2. _____

3. _____

b)   Beschreibe, wie du dich in der Pubertät fühlst?

_____

_____

_____

_____

_____

_____

_____

_____

Primäre und sekundäre Geschlechtsmerkmale

1 Als Junge hat man seit der Geburt einen Penis und einen Hodensack. Das sind die primären Geschlechtsmerkmale. Die sekundären Geschlechtsmerkmale entwickeln sich später.

a) Auf der Zeichnung siehst du die **Unterschiede**. **Zähle** sie **auf**.

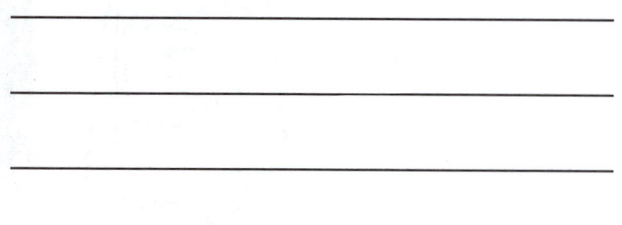

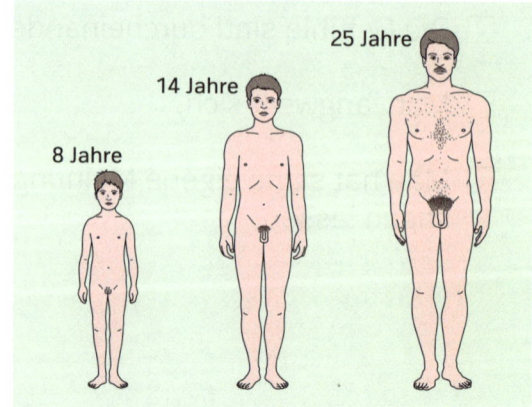

b) Kennst du noch **andere Merkmale**, die nicht auf dem Bild sind? **Nenne** sie.

_____

c) **Markiere** die **sekundären Geschlechtsmerkmale** in der Abbildung **farbig**.

Geschlechtsorgane des Mannes

2 **Verbinde** die **Geschlechtsorgane** mit ihrer **Funktion**.

Geschlechtsorgan	Funktion
Hoden	dort sammelt sich der Urin
Drüsen	ermöglicht die Versteifung des Penis, kann sich mit Blut füllen
Spermienleiter	bilden Spermien
Schwellkörper	leitet Sperma oder Urin aus dem Körper heraus
Harn-Spermien-Leiter	bilden verschiedene Flüssigkeiten für das Sperma
Harnblase	leitet das Sperma zum Harn-Spermien-Leiter
Eichel	zum Empfinden sexueller Lust

Primäre und sekundäre Geschlechtsmerkmale

1 Als Mädchen hat man seit der Geburt eine Scheide und Schamlippen. Das sind die primären Geschlechtsmerkmale. Die sekundären Geschlechtsmerkmale entwickeln sich später.

a) Auf der Zeichnung siehst du die **Unterschiede**. **Zähle** sie **auf**.

_____

_____

_____

_____

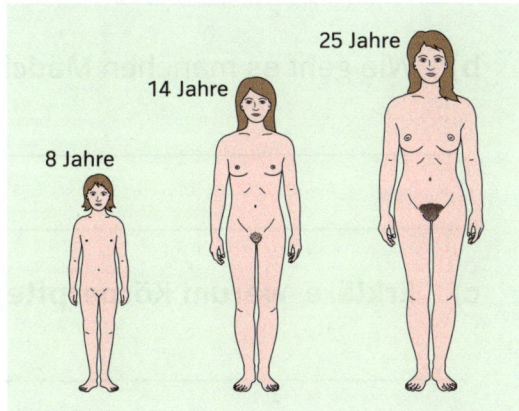

b) Kennst du noch **andere Merkmale**, die nicht auf dem Bild sind? **Nenne** sie.

_____

c) **Markiere** die **sekundären Geschlechtsmerkmale** in der Abbildung **farbig**.

Geschlechtsorgane des Mannes

2 **Verbinde** die **Geschlechtsorgane** mit ihrer **Funktion**.

Geschlechtsorgan		Funktion
Harnblase		enthalten die Eizellen
Harnröhre		schützen die Scheide
Klitoris		hier wächst bei einer Schwangerschaft das Kind heran
Gebärmutter		dort sammelt sich Urin
Eierstöcke		leitet den Urin nach außen
Äußere und innere Schamlippen		zum Empfinden sexueller Lust

»

Die erste Menstruation

1 **a)** **Wann** bekommen die meisten Mädchen ihre **erste Menstruation**?

_____

_____

b) Wie geht es manchen Mädchen **während** der **Menstruation?**

_____

_____

c) Erkläre, **warum Körperpflege** während der Menstruation **wichtig** ist.

_____

_____

Der Menstruationszyklus

2 **Nummeriere** in der **richtigen Reihenfolge**.

Nummer	Vorgang
	Das Ei und die Gebärmutterschleimhaut werden abgestoßen. Das Einsetzen der Regelblutung erfolgt.
	Das Ei ist in der Gebärmutter. Ohne Befruchtung stirbt das Ei ab.
	Die Eizelle reift im Eierstock heran. Die Gebärmutterschleimhaut wid aufgebaut.
	Der Eisprung findet statt. Das Ei wandert zur Gebärmutter.

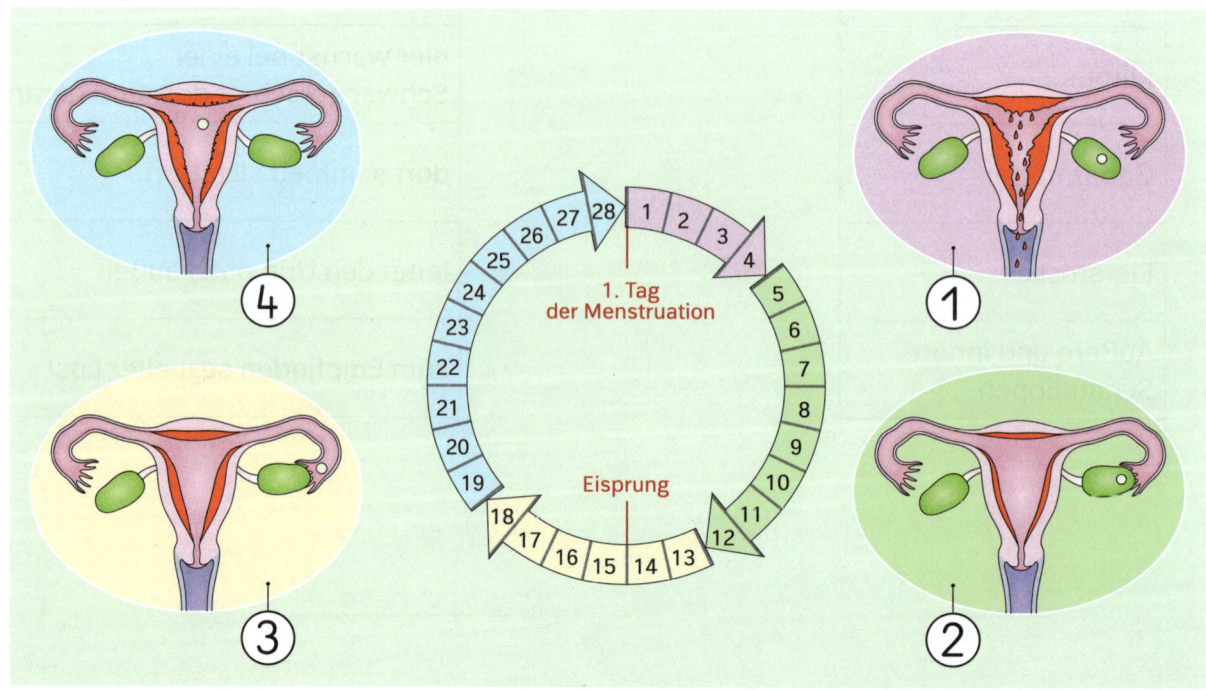

© Westermann Gruppe

Die Befruchtung

1 Nach der Befruchtung kommt es zur Schwangerschaft.
Nummeriere die Sätze in der **richtigen Reihenfolge**.

Nummer	Vorgang
1	Spermien treffen im Eileiter auf die Eizelle
	Zellhaufen gelangt in einer Woche zur Gebärmutter
	befruchtete Eizelle teilt sich mehrfach
	Zellhaufen (Bläschenkeim) verwächst mit der Gebärmutterschleimhaut – die Einnistung ist erfolgt
	Spermien dringen in die Eizelle ein

Ablauf der Schwangerschaft

2 **Verbinde** die **Fachwörter** mit ihrer **Bedeutung**.

Fachwort
Fötus
Embryo
Fruchtblase
Nabelschnur
Mutterkuchen

Bedeutung
verbindet Embryo mit der Mutter, wird dadurch mit Nährstoffen versorgt
schützt den Embryo
Fachbegriff für das Baby von der 1.–11. Woche
regelt Austausch von Nährstoffen und Sauerstoff
Fachbegriff für das Baby ab der 12. Woche

Ein Kind wird geboren

3 **Beantworte** die **Fragen**.
Wie lange dauert die Schwangerschaft der Frau?

_____

Woran kann die Frau erkennen, dass die Geburt anfängt?

_____

Was geschieht bei der Geburt?

_____

_____

Verliebt? Ich doch nicht!
1 a) **Ergänze** die Mindmap!
   b) **Vergleicht** und besprecht eure Antworten!

Herzklopfen

verliebt sein

aufgeregt

Formen der Sexualität
2 Verbinde die richtigen Kästchen.

homosexuell		Die Person liebt eine Person des anderen Geschlechts. (Frau – Mann)
hetereosexuell		Die Person liebt mal Männer und mal Frauen.
bisexuell		Die Person liebt eine Person des gleichen Geschlechts. (Frau – Frau; Mann – Mann)

Elektrische Geräte erleichtern die Arbeit

1 a) Trage **drei Wirkungen** des **elektrischen Stroms** in die Kästchen ein.
  b) **Verbinde** die **Geräte** mit der **Wirkung** des elektrischen Stroms, die sie nut zen.

| Föhn |
| Handy |
| Türklingel |
| Fernseher |
| Staubsauger |
| Bügeleisen |

2 **Kreuze an,** welche **Wirkung** des elektrischen Stroms genutzt wird.

Gerät	Lichtwirkung	Wärmewirkung	magnetische Wirkung
Toaster			
Waschmaschine			
Lichterkette			
Wasserkocher			

3 **Beschreibe** einen **Morgen ohne elektrische Geräte.** Was würde dir am meisten **fehlen?**

_____

_____

_____

_____

Der elektrische Stromkreis

1 **Kreise** alle wesentlichen **Bestandteile** eines elektrischen Stromkreises **ein**.

Batterie   Schalter   Glühlampe

zwei elektrische Leitungen   Motor

Die Spannungsquelle

2 **Setze** die Wörter in die passenden Lücken **ein**.

> **elektrische Spannung • Bewegung • fließen • Spannungsquelle**

Elektronen in den Kabeln leiten den Strom in einem Stromkreis. Dafür müssen die

Elektronen in _____ kommen. Die Kabel werden an eine

_____ angeschlossen. Jetzt werden die Elektronen von dem einen

Anschluss der Spannungsquelle angesaugt und der andere Anschluss stößt sie ab.

Es kommt zum „Druckunterschied", den nennt man _____.

Der Strom kann _____.

Der geschlossene Stromkreis

3 **Kreuze** an, in welchem Stromkreis der Strom **fließen** kann.

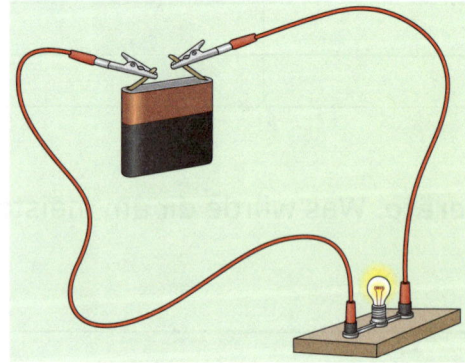

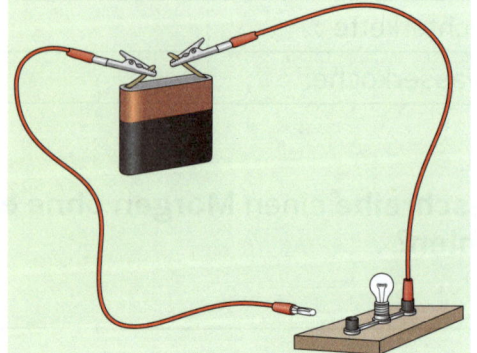

Strom fließt: Strom fließt:

☐ ja   ☐ nein   ☐ ja   ☐ nein

Leiter und Nichtleiter

1 **Setze** die passenden **Wörter** in die Lücken **ein.**

> **Kupferdrähten • leiten • Nichtleiter oder Isolatoren • Kunststoff • nicht leiten • Leiter**

Stoffe, die den Strom weiterleiten heißen _____. Stoffe, die den

Strom nicht weiterleiten heißen _____. Ein Kabel ist

besonders aufgebaut. Es besteht aus Teilen die _____ und

_____ .

Ein Kabel besteht innen aus _____, dies _____

den Strom. Außen ist _____ . Kunststoff leitet den Strom nicht

weiter. Kunststoff isoliert. So bekommt man keinen Stromschlag.

2 Viele **Geräten** sind an bestimmten Stellen aus **Kunststoff.** Beende die Sätze. Folgende Wörter helfen dir:

> **Stromschlag • isoliert**

Elektrische Geräte haben an bestimmten Stellen Kunststoff, damit

_____ .

Der Kunststoff _____ .

3 Leiter oder Nichtleiter, **kreuze an.**

Gegenstand/ Stoff	Leiter	Nichtleiter
Öl		
Zahnbürste		
Holzlöffel		
Plastikbrotdose		
Goldring		
menschlicher Körper		
Aluminiumpfanne		
Buch		

Elektrische Geräte benötigen Energie

1 Kreuze an, welche **elektrische Energie** die Geräte freisetzen.

Gerät	Lichtenergie	thermische Energie	Bewegungsenergie
ferngesteuertes Auto			
Wecker			
Laptop			

Woher stammt die elektrische Energie?

2 Kreise ein, welche Geräte **mit Lichtenergie** der Sonne **betrieben** werden können.

Energieflussdiagramm

3 Der Weg der Lichtenergie der Sonne zum Ventilator.
Nummeriere die Bilder in der **richtigen Reihenfolge**.

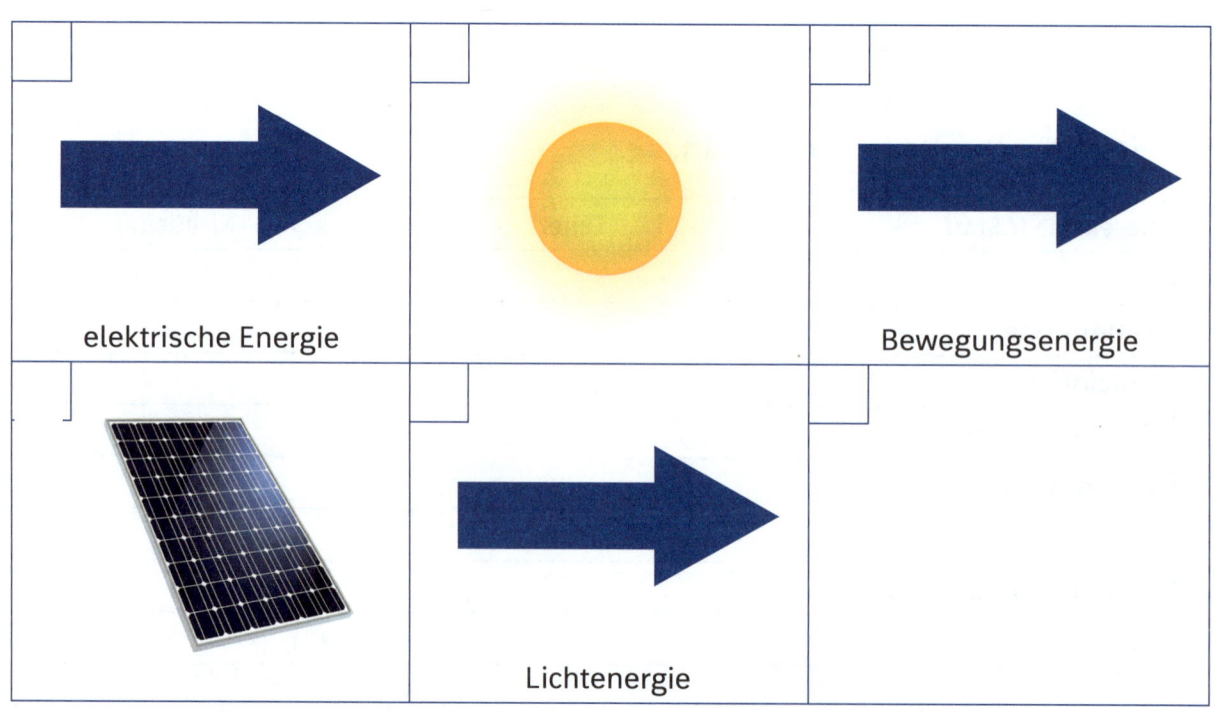

elektrische Energie

Bewegungsenergie

Lichtenergie

Wirkung von Kräften

1 **Verbinde** die **Fachbegriffe** mit den **Beispielen** und der **Erklärung**.

Kräfte verändern Bewegung. Die Bewegung eines Körpers, kann durch eine Kraft schneller oder langsamer werden sowie die Richtung ändern.

Verformung

Bewegung

Kräfte bewirken Verformungen. Gegenstände können durch eine Kraft verformt werden.

Zweiseitiger Hebel

2 **Hebel** verändern die Kraft beim Heben. **Fülle** den Lückentext **aus.**
Die Abbildung hilft dir.

Eine Wippe ist ein _____. In der Mitte ist der

_____. Auf jeder Seite ist ein Hebelarm. Das einzelne Kind sitzt

_____ vom Drehpunkt. Der Hebelarm ist hier länger. Dadurch ist die

_____ bei dem einzelnen Kind größer. Je weiter sich das Kind vom

Drehpunkt entfernt, desto schwerer ist es, das Kind anzuheben.

Bauteile wirken zusammen

1 Beim Fahrradantrieb wirken vier Bauteile zusammen. **Kreise** sie **ein.**

erstes Zahnrad　　　　　Feder　　　　　　Speichen　　　　　Fahrradkette

Hinterrad　　　　　　　　zweites Zahnrad　　　　Handbremse

2 Früher waren die Menschen ausschließlich auf Wasserkraft, Windkraft und Arbeitstiere angewiesen. **Kreuze** den Grund dafür **an.**

☐ Motoren waren noch nicht erfunden.

☐ Motoren waren zu teuer.

☐ Motoren gingen zu häufig kaputt.

3 Betrachte die Abbildungen. **Beschreibe,** womit die **Zahnräder angetrieben** wurden.

_____

_____

4 Auf den Abbildungen gibt es gemeinsame Bauteile. **Benenne** die gemeinsamen **Bauteile.**

Kurbel • großes Zahnrad • kleines Zahnrad • Bohrkopf

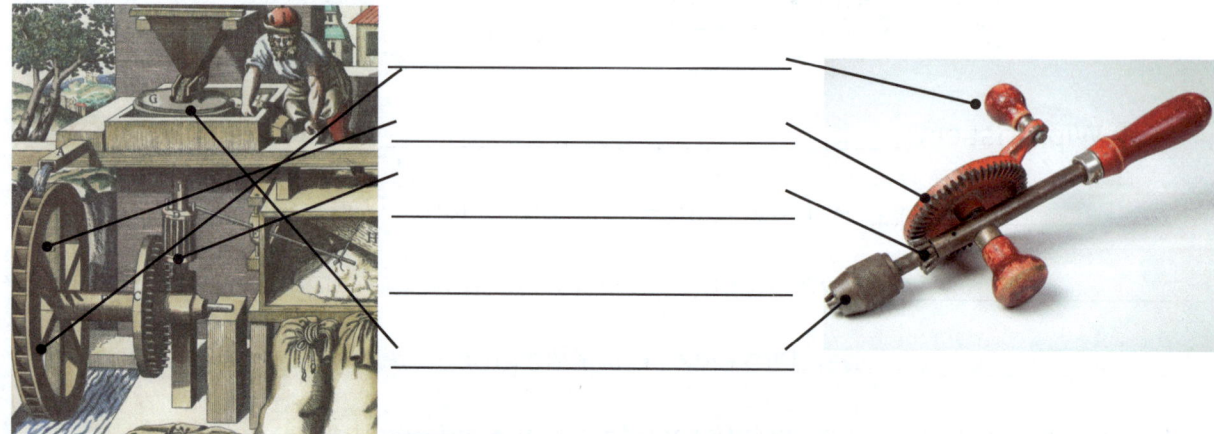